華人世界之未來趨勢

【 南方華人學派10
歐崇敬作品集 】

歐崇敬/著

序一　重返世界主流論述的華人閱讀

中州科技大學副校長　歐崇敬博士

（一）

　　在華人社會中，我們都理解到華人和華文佔據了世界四分之一到五分之一的力量，華人除了努力在經濟、文化、科學、藝術、教育、傳播等方面作出表現外，更希望能重新回到世界一流文化舞台上，重新成為主流論述。嚴格說來，自清代閉關自守起，華人就退出了世界主流論述，這一來一往一過就是二百年，期間華人經過了鴉片戰爭、英法聯軍、八國聯軍、火燒圓明園、一次大戰、二次大戰、五四運動、中原大戰、國共內戰、淮海戰役、對日抗戰、霧社事件、二二八事件、文化大革命、白色恐怖，華人消耗了大部分的精力在面對政治、社會和轉型的挑戰。一直到九〇年代的二十世紀裡，兩岸的華人仍然處於一個民族自信心不足的階段。華人長期以來，在各方面所完成的尖端努力，也因為政治、社會的特殊狀況，而未能夠有效凝聚，回到世界的主流論述舞台。

（二）

　　華人不禁要問，十五億人口的華人為什麼不能夠與人口只有一億左右的法文世界、日文世界、德文世界同列於世界的主流論述舞台呢？

　　更明確的問，為什麼是五億人作為母語的英語為世界共同語言，而不是十五億華人使用的華語呢？顯然地，我們缺乏整合，缺乏有效的組織華人世界中的菁英文化、菁英思考、精英作品。某種程度而言，由於八〇年代以前我們的社會政治情況，白色恐怖和紅色恐怖還是壓抑著華人，箝制著華人，使之無法出現優質、有見地的思想作品。思想真正的自由時代其實到了九〇年代才緩緩地到來，而華人若想要重返世界的主流論述舞台，就必須脫離過去的呈現方式。

　　一個落後的國家，在解除經濟落後之後，最重要的是，思想論述不能再落後於人，思想論述的前衛和先進，重點在於引導潮流、洞見未來，以及超越各種意識形態的領導，人們不能夠再盲目的被媒體、傳播、宣傳品所洗腦。

　　也就是說，一個真正的先進國家，一個真正的偉大民族，一個真正先進成熟的社會，「會思考」、「站在世界主流論述的舞台」是一條必要的道路。

（三）

　　「南方華人學派書系」是華人學圈一群自一九八〇年代起，一同走過，超越了二十五年以上歲月的結晶。我們共同擁

有的信念是：華人應該要超越政治的力量，在許多學門中，建構出許許多多可以站在世界屹立不搖的思想學派。如同戰國時代起就有的稷下學派、管子學派、呂氏春秋學派，在漢代有淮南王學派，在魏晉有竹林七賢，在唐宋時，禪宗就創造出二十多個思想和修行派別，歷代的道家則更有八十多個派別，新儒家單是宋明兩代就有十多個派別。

在不同的朝代、不同的世界裡，華人都曾經用思想改變過世界。曾幾何時，自清代起，從文字獄以來，到紅白兩色的恐怖，我們竟然退出了世界的論述舞台。

如果華人沒有辦法在自己的土地上誕生自己的思想家，並且站在世界的舞台上影響世界、改變世界，影響歷史、改變歷史，那麼華人的存在仍是一種虛無狀態、失語狀態。

在這裡，我們首先從趨勢策略的論述，來和廣大十五億的華人交流。我們用開放的態度提出對政治、社會、文化、宗教、教育、科技、藝術、流行、軍事、環境、都市空間加以反省，我們除了追求經濟效益或是成為經濟大國以外，更追求民族尊嚴或是人性尊嚴；除了思考社會正義、普世正義、創造文化品質與世界接軌以外，我們還能夠引領趨勢、創造潮流，這才是華人真正努力追求的。

多年來，台灣社會、中國社會、華人社會總是向哈佛大學、牛津大學、海德堡大學、東京大學、京都大學的各種所謂先進學風，努力學習。但是，距離真正的原創和超越，對於真正的創新智慧總是還有一步之遙。這一點，從胡適之以來，到所謂的台大精神、中研院傳統之中，始終奉美國長春藤、東京名校、歐洲名校為圭臬的態度，莫不如此。

如果說，我們真能夠擁有創新的智慧與觀念，能夠超越偏

狹的民族主義，能夠超越狹隘的愛國主義，那麼對於華人本土思想家的歧視也應該同時放棄。華人對於本土的思想人物，始終是三倍嚴苛於歐美的思想家，換言之，任何一個著名的外國作家、思想家的全部作品，內容一字不改，換成華文，就會一文不值。

華人重新創造出自己的主流論述與閱聽大眾，華人也必須創造出屬於自己會思想的群眾。我們將建立一個後後現代的多元公民社會，也就是超越現代主義的狹隘理性精神，同時也超越後現代主義的虛無主義態度。重新回到一個既儉樸又豐富，既人性又有科技，既掌握趨勢又掌握競爭力，同時能兼顧環保的新社會思考。

（四）

超過百位的學界及工作夥伴，分布在南方華人學派的研究中心、學報、網站、讀書會、研討會中，我們長期在建構一個具有趨勢未來和策略視野的新華人論述空間。我們沒有同一化的意識形態，但卻有共同的態度：（1）建構世界第一流的學派，呈現第一流的思想內容；（2）重視華人本土的思想家、科學家、趨勢學家、企業家，重新建構華人的自信心；（3）透過我們的出版物、網路、學報、會議的各種傳播，建構一個華人改變歷史的偉大新世紀。

二〇〇七年十二月三十一日　序於嘉義

序二　華人的第三條路
──斷裂的華人世界之超越趨勢

中州科技大學副校長　歐崇敬博士

這是一個什麼時代？

這是一個知識經典地位瓦解的時代。後現代社會到來，整個世界的知識、意識種類突然全面的作了改變，舊有的人文學科或社會哲學的重要性位置被改變，現代人所大幅度需要的是實用性的知識內容。

這是一個欲望、誘惑、權力與需求的時代。資本主義與自由經濟發展到極致，政客面對誘惑和欲望、權力希望的世界，卻沒辦法再操作整個社會的意識形態，沒有辦法用民族主義或種族主義來操控人民，此時人們開始建構的公民社會是一種後後現代的公民社會，而不再是現代主義的社會。

這是一個新經濟時代。華人快速的進入新經濟時代，快速發展新的科技和城市文明，快速的和全球接軌。華人世界現在已經是全球第二大的經濟體，也有大量的數位資訊人才。

這是一個國家意識消退的時代。人們澈底的進入後後現代和超越國家屬性的時代到來，以城市作為軸心。美國想要用資本主義壟斷全世界，中國則想要用民族主義壟斷全世界，但是這些國家同時又吸收了全球化重要的內容，所以傳統主義或者壟斷式的國家主義是撐不了多久的，必定因為內部對全球化的依賴而自我崩潰。

　　這是一個差異的時代。所謂的「共識」從來就沒有存在，共識永遠是一方壓制了另一方。在尊重差異的角度之下，人們應該尋求不一致的超越，思考也需超越二元對立。過去常動員團隊或管理的思考是現代主義的思考。

　　這是一個反璞歸真的時代。後後現代世界中，不能「過」，也不能「不及」；偽世和曝露也都是不好的，原始或過渡也都是不好的。而且儉樸是基於實用，實用不僅是簡單的現代主義考量實用，也考慮使用後的影響，考慮環境永續，反省種種人類文明的資源運用。

　　總和來說，這是一個斷裂的時代。能完整描述華人社會的形容就是「斷裂」。

　　華人的集體潛意識中暗存著一種斷裂的命運感，華人的世界是「斷裂世界」。表面上，華人的歷史似乎是全世界二十一個文明中唯一從上古延續至今，但問題是這種長期的連續其實都是斷裂的。

　　「斷裂」深深主導著華人的命運，華人應了解自己處身於什麼狀態，處身於什麼樣的集體潛意識，透過反省了解機制何在，尋求對策，在未來的生活裡面，在未來的時間裡面，重新為自己命運規劃新的道路。

　　既已斷裂就無法重新焊接，這種斷裂感不可能消弭，它永遠是一個事實，無法透過反省、檢討來融合。除非，升高視野，放眼未來，才能超越過去的斷裂。華人們的命運開始不再是過去的封閉社會中，不斷斷裂的結果，命運開始是國際化、有高度自由選擇的可能。

　　本書針對華人世界的十大面向，說明其斷裂觀點，並且於後提出超越之趨勢，供身為華人與關心華人社會的讀者思考。

由「斷裂」的概念作為華人世界的討論基點，而要敉平社會的斷裂，撫平華人的不確定感與不安定感，尋求「第三條路」是最佳的方法與對策；由第三條道路以解決華人世界各種層面的斷裂。

「第三條路」是指人們原有的思考結構之外的想法，也是解構、差異、非同一性的、不一致的、消遙、真正的自由和可以超越在整齊與不整齊之外的道路。第三條路是在解構、差異之後，達到真正澈底的建構，即是自我可真正的啟蒙，達成自主性，享受人生終極的生命權。

第三條路就是跨越台海之路，第三條路就是就是跨越統獨之路，第三條路就是跨越藍綠之路，第三條路就是跨越左右之路，第三條路就是跨越共產主義與資本主義之路，第三條路就是跨越悲情與民族主義之路。

第三條路不是第三勢力的建構，而是一條超越之路，是一條務實、有希望、給人民希望與幸福快樂的道路。

序於南華大學中日思想研究中心

目次

第一章　華人為何總是無法走到第三條路？

　　華人社會，是一個斷裂的世界，從各個角度來看，都可發現其中斷裂的命運；「斷裂」深深主導著華人的生活世界。華人面對著斷裂的社會及世界，事實上也面對著斷裂的命運。這種斷裂的現象呈現在各個層面，使華人充分感受到所在世界的斷裂，並且使華人社會存在著各種的不安定感，也形成了集體潛意識上的不確定感。

　　華人應該要了解自己身處的狀態，透過反省來尋找對策，在未來，重新為自己的命運規劃新的道路，不被這些集體潛意識所支配。不管是台灣社會、香港社會、澳門社會、新加坡社會、中國大陸各城市社會，乃至海外華人的社會。如果了解這種集體潛意識之後，就可針對華人的共同發展重新作規劃，制定正確的策略，邁向新未來。

　　在此，筆者提出，由「斷裂」的概念作為華人世界的討論基點，而要敉平社會的斷裂，撫平華人的不確定感和不安定感，最佳的方法與對策就是尋求「第三條路」；由第三條道路解決華人世界各種層面的斷裂。

　　所謂「第三條路」是指在人們原有的思考結構之外的想法，也是解構、差異、非同一性的、不一致的、消遙、真正的自由和可以超越在整齊與不整齊之外的道路。第三條路是在解

構、差異之後，達到真正澈底的建構，即是自我真正的啟蒙，達成自主性，享受人生終極的生命權。

然而，華人有第三條路可以走嗎？**華人世界長期被二元對立套牢，使得人們總認為只有兩條路可以走，非對即錯，非是即非，非此即彼。**就算有「第三條路」在前，華人也到達不了，正如諺語所說的：「永恆就在我家庭院，我卻找不到通往庭院的道路。」

世界改變，華人覺醒，二元對立逐漸消解

二十一世紀到來，科技改變了世界，華人開始覺醒，逐漸擺脫二元對立的觀念，於此，走向第三條路的可能性乃已浮現。原有的道德莊嚴性完全下滑，原來的雅俗二元對立道路模糊，世界出現了「第三條路」，這是華人等待中的道路，進入到後現代、後後現代，這條道路已全面的成形。

首先，從人文學科基礎的瓦解開始說起；由於後現代社會到來，整個世界的知識、意識種類突然全面作了改變，舊有的人文學科或社會哲學的重要性位置被改變了。可以發現：哲學、歷史、文學、藝術，包括音樂、美術等學科的需求性已下降。現代人生活所大幅度需要的是實用性的知識內容，包括經濟、金融、資訊、管理、教育、醫學、心理輔導等，這些實用性的知識取代了人文知識結構主要的部分。換句話說，**整個世界要求人們返回生活世界，返回人性本位，而非像過去總是朝「學問世界」前進，也就是說過去所認定的「雅」、「俗」的對立立場已正式消失，這使得人們對於所有生活情境的價值觀都要加以重整。**

　　舉例來說，二十世紀中後期，當許多國家、政府的領導人改為選舉產生、非世襲制度之後，過去那些輝煌莊嚴、典雅巍峨的美學觀與政治觀正式消逝。莊嚴性、權威性已不復見，加上網際網路的到來，世界完全變了樣貌。因為任何知識都可以簡單的被查閱，也很容易被檔案化，許多人的工作、專業將會被新科技所取代。例如：記憶能力的重要性降低，因為電腦所能儲存的記憶體比大腦強大且完整；又如會計、算術能力，只要給電腦正確的程式設定，即可完成。如此，人類的大腦可回到判斷原則、創造、思考的功能。

　　因此，在開發中的現代國家中，由於各種知識媒體的發達，文盲已經愈來愈少了，即使有不識字的人，也可以透過多媒體、影音媒體被授予知識內容。但因為知識的發達，卻使得人文社會學科和古典經典學科的基礎崩解。，此乃因為需要吸收的知識更全面化了，包括機械、財金、養生、法律、管理、生理、醫學等，現代人必要由去接觸各類的知識，才能在瞬息萬變的社會中順利生活。

　　人們要熟悉與掌握的事情變多了，網際網路所能承載的論文數量永遠超過人腦所能記憶的，任何一個研究生都能透過碩博士論文網、資料庫網站來搜尋，只要輸入正確的關鍵字，就可以找到上千上萬筆的資料，但是任何人要閱讀完一萬篇的論文，卻都是不容易的事情。

進入後現代，權威崩解，華人第三條路出現

　　所以，當華人世界全面進入後現代，甚至已進入後現代尾聲，即面對了傳統莊嚴性的基礎崩解，第三條路就將被迫出現。

　　人民的存在價值不像過去被舊有意識、權威束縛。舉例來說，當討論到「誘惑」與「欲望」這兩件事情時，如果討論的對象是毛澤東、鄧小平、江澤民、胡錦濤、蔣介石、蔣經國、李登輝等人的情感世界，這些政治人物的莊嚴崇高的極端位置就消失了。如孫中山驅逐韃虜，恢復中華，藉由種族主義的手段推翻滿清政府，因而獲得勝利，取得政治權力。台灣二〇〇八年之前的所有選舉，也都是常以種族主義為核心運作，有些人高喊疾呼：台灣人必須投票給台灣人，本省人投給本省人，這都是種族中心主義，仍是古典餘毒沒有完全消失的國度所進行的運動。

　　這種情況不只華人社會發生，就連民主國家的代表──美國，也沒有辦法完全剷除政治情況的餘毒。二〇〇八年美國的總統大選中，民主黨黨內的前第一夫人希拉蕊和伊利諾州聯邦參議員歐巴馬的競爭，就是一個明顯的代表。如果人們了解誘惑、了解欲望，在選舉之中，就不會在乎性別、膚色、省籍等因素，種族主義將會被稀釋，從而探討人真正要面對的問題是什麼？也會理解到人種間的差異其實非常小，會開始反省人和萬物之間的關係是什麼？

　　正因為雅俗的界線打破了，社會階級的關係也作了重組，過去人們認為文史哲學術的經典位置已經不復見，現在流行文化中的知名者，如歌唱明星、髮型設計師、電台主持人等職業，他們在社會地位上已經可以被畫上與大學教授等同的記號，對社會同樣有強大的影響力量，甚至已經遠超越學術殿堂中的知識分子。這絕非暫時的現象，已經確實的代表了現代文化的演進與脈動。例如：華人世界中的劉德華現象、張學友現象、李安現象、章子怡現象，每一個人物都各自影響了群眾，

有不同的社會反應可加以討論，乃至於社會中出現如柯賜海現象、芙蓉姐姐現象或許純美現象時，古典的美感、莊嚴性就已經澈底全盤崩解，社會價值與概念也崩解了，甚至曾經犯法、吸毒的藝人經過法律制裁後，卻仍然可以當作公眾人物，活躍於螢幕。

知識崇高地位消失，偉人、名人來自各方神聖

在二十一世紀的香港、台灣、澳門、新加坡，及中國世界之華人的第三條道路已經呈現出來了嗎？社會上的吸毒者、詐騙者、譁眾取寵者、巧取民財者，乃至危險恐怖主義者，全都可能成為社會名流，除了成名，甚至還擁有信眾與支持者。這是第三條路嗎？

世界的標準變了，恐怖主義的首領賓拉登也在世界天才排**行榜之中，原有認定偉人、大師的標準思維改變了。**獲得奧斯卡金像獎最佳導演的李安，立刻從流行文化界躍升為高雅、經典文化的代表人物，成為電影的經典大師。如果有一天，李安和周杰倫合作拍攝電影，高雅、經典又和通俗連結起來，當周杰倫和李安攜手相遇，共同在鎂光燈前宣傳時，他們之間的符號又會瞬間被畫了等號。

大學者、大師的崇高地位被社會取消了，古典主義被取消了經典地位，大學者的角色在社會消失了，學者除非同時是暢銷作家或是媒體名嘴，否則其發言與影響力很難達到如同過去傅偉勳、方東美、毛子水等重要大學者的地位。又如美國當代重要趨勢大師約翰・奈斯比、艾文・托佛勒等，他們也都不具教授或博士、學者身分，但他們所寫的書，卻銷售量奇佳、

知名度奇高，他們所說的話對於整個世界具有關鍵性的指導作用。又如日本著名管理學家、經濟評論家大前研一，其博士學位非企管類也非財經類，而是麻省理工學院博士，但他卻仍可以在管理、財經甚至思考上產生各種的指導性作用。

只要市場認可，你就是大師

所以，前述現象代表了**只要市場認可、流行界認可，就可以取得經典性的地位**。換句話說，具有公眾性的論述權力，或是能夠符合世人的需求欲望，就能取得經典性、權威性的位置。

學術圈中，除了仍在權力保守著舊典範的中國大陸裡，各大學重要學科的領導人仍在國內學術圈具有崇高地位外，台灣及其他華人地區的學者社群也已經很少具有經典領導人了。

除了學者圈，政治圈也是如此，如果不是常在電視媒體中製造議題的政治人物，就會被逐漸遺忘。例如：在台灣可能有許多人不認識五院院長，更別提縣市首長。又由於電視政論性節目盛行，每個人都可以打電話到節目中發言，陳述自己的意見，任何人只要連續看一個月的CALL IN節目，就可以成為時事政論的專家、權威。如果再加上網路的知識，資訊的豐富度就更高了，於是，知識權威原有的壟斷性消失了。

人們一方面不需要記憶型的知識，也不需要充實的人文、藝術和社會學科。另外一方面，也代表用舊有的記憶型態、飽讀詩書以見長的世代已經不見。所以，大師與大學者只能在極權國家、未開放國家或極度落後型國家仍具有權威，但卻已正式宣告離開自由主義國家、開放型國家的歷史舞台。

人大都受困於自我建造的真理中

現代主義和後現代主義都是人類的一種需要和一種病症，或者是文明建立的一種誘惑。而「統」或「獨」也是一種病症，「左」和「右」也是病症，過度強調自由主義或社會主義也是病症，這皆是來自於精神上的需要，自我的滿足，自我的追尋。人類就在自我病症之中，在二十一世紀自我檢討，自我反省，放逐地衝出自我建立的枷鎖，而朝第三條路發展。

人們總在依賴舊有的制度，依賴既有的國家主義精神，自己設計了一套理論讓自己跌在深淵中，當然也就逃不出如來佛的手掌心了。人因逃不出來，躲在一連串的意識形態內，自困而爬不出來。人們自己製造了一套信仰真理，卻殊不知真理永遠不存在，共識也從來不存在。在這個時代，人們需要有超越真理的道路。

這一點，人們可能還不太習慣，甚至無法接受，因為人們過去的確活在一個以真理為座標的信仰世界裡，也就是自柏拉圖建立、描繪出的「理想國」概念。柏拉圖提了一部分的假設問題，就把人們困住了幾千、幾百年，到了現代已經陸續有許多西方的哲學家提出批判。同樣的，東方則被三綱五常的儒家禮儀圈限了，華人社會曾經集體認為寡婦必須要一輩子守貞不可改嫁以追求得到一座「貞節牌坊」；又如進宮的太監必須先閹割。凡是當朝的帝王一呼百諾，萬民就應聽從，然而，基於人道與人人平等的立場，這些都是不應該遵行的，但是華人們還不習慣一下子離開，因為華人擁有的條件還不健全，自我反省的能力還未充足，對整個世界進程發展的觀察能力也不足，

因此無法適應新後後現代的公民社會。

從城市文明、人民意識，觀察第三條路

　　知識經典地位瓦解，社會就澈底的變成多元化論述空間，也成為服從欲望、誘惑、權力跟需求的時代。此時世人游離在雅俗之間，游離在崇高或卑微之間生活的第三條路出現了。政客面對誘惑和欲望、權力希望的世界，卻沒辦法再操作整個社會的意識形態，沒有辦法用民族主義或種族主義來操控人民。此時人們開始建構的公民社會是一種後後現代的公民社會，而不再是現代主義的社會。台灣的台北已經是一個典型的後後現代城市，在高樓大廈之間走進到巷弄之間，就可以享受巷弄裡面的自然野趣，或小型公園，或獨特的社區特色，這點和日本東京、京都相似。

　　但是中國就不是如此，現在中國幾乎想要將所有一級城市（如：北京、上海）、二級城市（如：天津、武漢）都想建立成為曼哈頓型的城市，但卻從來沒有反省城市本身的需要、條件是什麼。在北京的馬路和馬路間有一塊一塊的社區或房子，或高樓大廈，已經沒有任何其他的空間可供人們躲藏、休憩。若有公園或休憩空間，也大都成為人滿為患的觀光名勝或景點，除了北京二環內的房子還保留少數胡同之外（胡同也將面臨拆除），幾乎再也找不到空隙可鑽入休息。但是中國目前卻試圖將深圳、南京、廣州、天津、重慶、武漢、長沙都建成像北京、上海一樣的曼哈頓型現代主義城市。

　　現代主義精神所帶來的當然是現代主義式的公民社會，以及現代主義式的權威思想，其中可包含種族主義、國家主義、

民族主義等。而缺乏對現代性的反省，缺乏現代主義的思維，就不可能擁有邁向後後現代的能力，於是在威權主義統治的國家就會繼續存在崇高的權威性、律令性、無上的發言權，因此無法出現第三道路。直到中國的人民體會到自己並不想住在如同曼哈頓繁華卻冰冷的城市，必須回到和大自然，回到東方式的生活方式時，也就是中國發現第三條路被思考的一種開始。

　　台北曾經名列亞洲第二名的城市，在小小的盆地中，有一千多公尺的七星山，而在一個鐘頭內，即可以從山頂到達淡水的漁人碼頭。台北擁有河流、丘陵、高山，也有最現代化的一○一高樓大廈，同時也保留有傳統區域，如萬華區或大稻埕區，且有許多夜市。

　　台北市發展了一百年，但是其文化的豐富性卻不輸給有八百年歷史的北京城。中國努力的追求現代主義，其關鍵在於意識形態的領導，但是，在後後現代的世界裡，歷史的記憶變成一種生活型態。**人們已經不再總是奉「歷史」為經典，歷史成為生活中的各種符號，各種迴響，各種反應**，例如：富邦基金會舉辦的「富邦講堂」，曾經用「美學存摺」的概念，來討論「風格社會」，討論都市的建築和空間，或是討論旅遊的世界。又例如在台灣許多城市中，都設有後後現代式的咖啡座、演講、人民心得交換的場合，在這之中可能匯集了各方專家，拋去了課桌椅與講台，回到鄉里、接近人民，知識大儒也就和一個里長伯差距不遠，此時，後後現代的公民社會就出現了。

雅俗界線消失，新公民社會到來

　　在第三條路的世界中，後後現代時局已使得雅俗界線瓦

解，這可以從各個生活層面觀察到蛛絲馬跡。例如：人們不需要穿著高貴的西裝、套裝或名貴的裝飾、皮件、寶石，但是卻也不會故意奇裝異服、標新立異；又如：文學的領域中，純文學和通俗文學的界線消失，出版界、整個文化界、大學講堂都已經開始面對這樣的事情。如日本的兩項文學大獎「芥川獎」和「直木獎」本是純文學和通俗文學的兩種獎項區分，但是到了晚近，可發現這只是評審評定眼光的差異而已，並無法真的分辨文學作品屬於純文學或非純文學。又即便獲得國際性的「諾貝爾文學獎」和「普立茲文學獎」兩個大獎項的作品，也無法肯定的評斷究竟是純文學或通俗文學。

游離在這兩造之間的現象愈來愈明顯，所有空間的符號在雅俗中的距離都已被打破，那麼人們的生活與品味的世界就更加被全面的更替了。

這種更替的風氣從歐陸或北美傳來，並且從西方傳到東方，在整個東南亞、東北亞盛行。這種盛行的風氣拓展得十分快速，因為北京、上海、廣州、深圳、杭州，都已經快速、大量地、習慣性地吸收這樣的訊息場域。包括在出版翻譯書籍的選擇上，出現了許多後後現代的作品，這些改變會巧妙地影響人的思維。不管在理論文學、藝術電影等各方面，人民從各方同時吸收這些新資訊，潛移默化的改變生活的形貌。例如：北京的「宋莊」、「七九八藝術區」、南京的「一九一二」，都是中國的重要原創創意園區，是藝術家的聚集地，並且形成相當有規模的後現代當代藝術群落。另外，中國也常有非常龐大的建築或商場，比如說王府井大街、李嘉誠現代商場，大部分的高樓大廈也都是現代主義式的，這些都旨在追尋曼哈頓精神的建構。

　　可是文化的複製與移植，並不一定完全適合當地，如同巴黎鐵塔和東京鐵塔是多麼不一樣；巴黎鐵塔充滿了文化背景與精神指標，而東京鐵塔像是一個怪物矗立在東京的街頭。文明在建構之初，乃應該觀看其他國家的發展過程，加以省悟。尤其在人類的文明集體步上後後現代時局，反省文明的道路已經勢在必行，關鍵問題在各民族自我反省的時間是否充足、條件是否充足。

衝破規範藩籬，真誠面對誘惑、權力、欲望

　　第三條路的人們不需要去信仰符號的內容，因為所有的事物都只是欣賞的對象，都只是可使用的工具之一罷了。這時候，種族主義、民族主義、國家主義、愛國主義都應該被丟到垃圾桶去。從人文學研究中，人們開始學到孔恩的《科學革命的結構》和費依阿本德的《反對方法》，再向前走一些時光，人們吸收德希達的解構主義精神、傅科超越系譜學的精神、德勒茲塊莖理論、超人理論、布希亞的後後現代激進理論、羅蘭‧巴特《符號帝國》的反省和《戀人絮語》，或拉崗結合拓樸學的心理分析……。

　　整個學術研究的世界不再會像哈伯瑪斯的批判理論如此重視溝通行動，並且積極建立共識的精神。第三條路的人們終於知道差異永遠是差異，這是一種頓悟，永遠得不到共識。真理不存在，這並不令人感到悲傷，而是一種了解，人們明瞭了沒有一種客觀的真理存在，需要建構各種真理的時代已經不見了。

　　如此說來，面對各種知識和符號的世界，人回到面對誘

惑、權力、希望、需求、欲望的世界，學問莊嚴性終於被消解了。當人類需要研究工具時，就向各領域隨時索取就是了，毫無必要基於任何方法論或研究方法去加以模擬或抵禦。

　　就如聆聽音樂，對於人類來說，並不只是聽覺上的需求，而是內心追求的渴望，生命滿足的需求。所以在後後現代社會中，人們已經歷了古典音樂與後現代顛覆性音樂的創作期，音樂創作也走向「自然音樂」，用最自然的聲響來演奏，帶領人們走向大自然的意境，回到簡單的心靈世界的音樂。繪畫創作也是一樣，經過極複雜的演化發展和顛覆型的畫風使用之後，接著就會進入返回內心追尋的表現方式探求，而建築和空間設計又何嘗不是如此。當大型、不規則、雕樑畫棟的華麗建築呈現在世界上後，**人們慢慢回歸到簡約主義的空間，或是依社群的需要來思考簡約或原生綠建築的空間，又甚至會接受毫無章法但卻符合部分人民需求的違章建築式空間。**

莊子與「新禪宗」也建構著後後現代公民社會

　　在後後現代世界中，不能「過」，也不能「不及」；偽飾和曝露都是不好的，原始或過渡也都是不好的。儉樸不僅是簡單現代主義的實用考量，也考慮使用後的影響，考慮環境永續，反省種種人類文明的資源運用。

　　一個過度複雜、過度雜亂，或太強調現代化的發展，會把許多的可能性掩蓋掉。基於全方位的生態來發展，筆者不建議興建大型城市，而贊同單一城市皆朝五十萬人以下的標準來發展。如果從需求的角度來思考，人們其實並不需要那麼多的百貨公司或商場，這些都僅是商人的需求，過度的刺激了民眾感

官。這時應該出現第三條路，甚至出現岔路、分歧之路……。
這就類似一種「新禪宗主義」，頓悟之後，所有的道路都成為
可能，並且可以選擇各種道路，卻不會違反基本價值與社會規
範，例如：不可傷害生命、應尊重他人存在、不在公眾場合過
分曝露等。

　　如果從東方的思想去探源，可以在莊子和禪宗中找到後
現代的解構和超解構的思想根源，，也就是筆者所說的莊子與
「新禪宗的路」，或是一個結合社會主義、契約主義的新人類
社會道路也是後後現代的公民社會道路。而由於社會主義的綜
合變通，使得人可使用的工具增加，不會一味的崇拜、信仰任
何一種社會的意識形態。人們在欣賞藝術時，是基於人性、心
靈的欣賞需求，當人們在欣賞蕭邦的經典樂曲或張學友演唱的
歌曲，是因其會洗滌人們的心靈，使人感到滿足、放鬆，其實
沒有固定的答案，也沒有好、壞的分別。用鋼琴、小提琴來演
奏，真的會比南胡、洞簫的演奏更令人震撼嗎？其實沒有一定
的答案。**第三條道路是通往無限可能的道路。**

政策若無法符應後現代，就找不到第三條路

　　華人何以無法找到第三條路？在台灣即可舉證：一九九四
年台灣的文建會提出「社區總體營造」，並列為國家施政的重
點，經過十年的努力，其中仍有許多盲點，依舊無法脫離結構
主義與現代主義的範疇，沒辦法走上差異和純粹創造的道路，
卻反而被「總體」和「營造」束縛困頓。

　　「社區總體營造」需是自發性的非官方組織，在社區中為
人民與社區關係作新的營造與模塑，以重建長期以來人民與土

地與社區共同連結的情感與關係。實際的作法如：社區文化活動發展、充實鄉鎮展演設施、輔導縣市主題展示館之設立及文物館藏充實、輔導美化地方傳統文化建築空間等等。

　　然而，二〇〇三年文建會主委陳其南確希望「社區總體營造」能夠建構一種共同的生活型態或者共同的價值觀，這是現代主義體邏輯底下的思維，所必然面對的困境。台灣的「社區總體營造」困在建構與拆解之間。人們在社區營造的過程中，應該接受社群營造是差異的社群營造；公民意識是差異的公民意識，公民意識是具有創造性的，而不是建構共同的生活方式、型態或價值觀。因為差異始終是差異，永遠不會統一。所以這會使得社會沒辦法面對後現代的反中心化思想，或者是無法面對顛覆性的思想，更沒辦法走入後後現代，無法超越二元對立的世界。當然找不出第三條路了。

　　「營造」勢必經過解構、經過差異，而產生最澈底的建構關係，形成一個非共同意識的價值觀。一種後後現代性的公民社會。所以，強調共同體性是一種落伍的想法，也是把自己推進絕路與二元對立。如此一來，居民想要達到互助和自助就會降低可能性。因為總會在裡面充滿著千絲萬縷的矛盾，甚至會由於社區總體營造的現代性概念，進而使得各社區充滿地方性的偶像造神運動，成為沒有神明卻有偶像的宗教信仰，最後又和現代或後現代民主社會產生了互相扞格的現象，也會干預每個地方的文化和藝術活動，乃至干預每個居民千差萬別的價值和主觀意願的交互關係。

　　不過，社區的概念仍然有值得保留的地方；社區超越了過去的行政組織，是最基層居民組織的交互關係。但是上述的說法還是太現代主義，應該把社區的概念加上現代新興的社群

主義；也就是即使不居住在同一個地理環境，但若有相當程度雷同、認同的理念或互補關係，仍可以稱得上是一個社群。例如：共同熱愛舞蹈、熱愛太極拳或者是對於同一議題、事物的討論、辯論可以產生火花。所以把社區和社群結合在一起，就產生一個後後現代的社區營造世界。

社群營造應是差異的，非建立共同的公民意識

一九九四年以來，台灣進行的社區總體營造必定進入死胡同，因為其政策設計的根源是來自其現代主義基礎，來自於建立共同的公民意識。但是公民意識不應該是透過共同意識的建構，而是透過覺悟、領略作為一個社群中的人，應該去反省基礎的人性表現，及對物質的使用和關懷究竟何在。這才是我們的第三條路。

社區總體營造所設計的文化政策，其實就是一種現代主義的教條，是一種國家主義之下通過經濟政治、社會、歷史文化對人民的改造，如此一來，只要人民走向後現代、後後現代主義就會對這些統一意識的改造，加以反抗。

在過去社區總體營造之下，許多文史專家、空間專家、公共美學家、歷史文明的提倡者，全都成為社總體營造的膜拜者。這是在打造新神，成就重要的護法神或樁腳，真正的社會發展當然無助於進步，也無助於社會有多元的道路。只會使得社會的二元對立愈來愈穩固，設立更多的花樣圈套，讓人在裡面無法脫逃，沒辦法飛躍結構之外。

陳其南所主導的社區營造注定效果不彰，因為其意識形態是向某個統治意識靠攏的。是在這尋找結構的這端或結構的彼

端的社區營造，最後使大家進入計中計、局中局，永無止境。
用二元對立的方式取其中項是無盡項，二分法是永遠也分化不
完的遊戲。

於是人們必須從社區總體營造中解構出來、超越出來，走
出國家總體公民意識之外，才能走出華人的第三條道路，才可
以見到大光明之境。

**反省台灣過去十多年社區總體營造的發展中，應該要批判
社區營造的領袖。許多社區工作者藉著現代主義的外衣，而實
行傳統主義的價值和利益**。這和白道、黑道是相似共通的。全
台灣一萬多個社區不斷地運用這種儀式和社區總體營造的精神
來吸收資源，也就形成了政策可以應用樁腳或者選票吸收機制。

華人什麼時候才可以突破這深淵呢？答案就是走出第三條
路，進入一種所謂的新啟蒙的道路。

改造心靈的新啟蒙，是尋找第三條路的第一步

**華人要找到第三條路，要從心靈開始。當心靈不再束縛以
後，外在環境和人的互動就會改變，也導致自我的意義結構改
變**。當人們要回到倫理道德和本心的世界，回到一個純粹欣賞
的世界，才可拋離一切真理、規範的偶像世界。

沒有受過解構和後後現代的改變，心靈會困在現代主義和
後現代主義間二元對立的關係，整個思考是以平面和單線條的
發展方向，在這樣的思考基礎之下所建構出來的概念，仍是充
滿統一性、集體建構的邏輯，若如人們尊重差異，了解解構之
後的澈底建構，人們就會有一個新啟蒙運動。

新啟蒙的精神就是掃除非理性的精神，新啟蒙是從內心做

起，人開始反問自身真正的需求是什麼？共同不可顛覆的價值是什麼？例如，慈悲、關懷、人性的善良。如果這些是不能顛覆的普世價值，那麼人類做到了嗎？在社區社群中、醫學、政治、選舉中，華人是否都做到了呢？答案顯然沒有。若連最基本的價值，「返回本心的追尋」都沒有做到，那麼人們所追尋的仍是不合潮流的「共同形式的統一」。

從心靈的超越做起，就是莊子的《逍遙遊》跟六祖惠能的頓悟，新啟蒙不一定需要任何現代性的條件。在世界宗教中，禪宗被視為最現代化的宗教，因為禪宗不崇拜神靈，若從思想的角度來定義，禪宗早已進入後現代，甚至走向後後現代，例如禪宗思想中，有「見佛殺佛，見六親殺六親」的思考，在頓悟的世界中，超越了倫理關係，超越各種鎖鏈的繫絆，就無所謂是在哪一個時代的物質體系中誕生。

市民社會有了現代性，有了反同一性就有了後現代，有了追尋存在先於本質，也就有了後現代；有了解構，就有了後後現代或超越後現代性。真正超越二元對立不是在後現代，因為後現代一旦陷入虛無主義或者純粹反對立場，就變成和現代主義是二元對立的關係。所以，到了後後現代才超越了後現代性，但是後後現代仍有全球化與反全球化的二元對立，必須在超越全球化與反全球化後，才到新啟蒙的世界。

人們需要有全新的啟蒙回到最根本的思考，衣服只是用來蔽體，有基本的視覺感而不在於身分，身分應該基於內涵，身分不應該基於物質的崇拜身分，更不應該基於名牌的使用、刷卡的金額。如果一個人擁有數十億、數百億的財產，但是卻殘暴不仁，那麼他應該是上流的人，還是低層社會的人呢？一個真的屬於新啟蒙時代的人，不會追逐這種無意義數字與財產

的累積，所以崇尚物質主義的人，有過多的衣服、鞋子、手錶等，這仍是屬於現代主義與後現代主義者的追尋，還未到後後現代的狀況，還未好好反思自己心靈的無明角落。

反傳統的契約主義是新啟蒙運動的必然。華人不需要一種為了建構國家主義來從事舊有的契約精神的保護，也不要基於契約精神來建構的司法體制。而是需要新的全球化道德觀、倫理觀、全新全球化社群習慣和自律規範，例如不能在網路上隨便釋放病毒，不能在網路上鼓吹自殺風潮。

新啟蒙是從心靈做起，必然須要突破國家主義後，才有可能走向新啟蒙的道路。但在後後現代中，早必已超越了國家與民間區分，無國界政治就要到來，廉價的視訊功能出現，全世界重要的城市和風景區都有廉價的視訊功能出現，所謂跨越國家主義的第三條路就會正式的登場。

國家的重要性，在第三條路世界中逐漸減弱

如果人們真的了解第三條路的重要性，那麼，就還有一個問題是應進而省思的。那就是，人一定必須屬於國家嗎？一定要歸於國家意識領導之下嗎？如果人未必屬於國家，人能不能有比國家更超越的思考或組成呢？

因為台灣作為一個單位，歷史上寫明了這塊土地經過荷蘭、西班牙、葡萄牙、鄭成功時代、清朝時代、日本、國民黨時代和民進黨時代的統治，難道人們不能把國家當作協助存在的目標如此而已嗎？國家為什麼要等同於爹娘呢？真的需要將毀壞國家尊嚴的人置於死地嗎？為什麼要服膺於國家主義之下，去暗殺不同意見的人？難道沒有第三條路可以思考嗎？一

定要把台灣等同於父母或子女、財產嗎？

國家主義之下的社區或者認知、公民意識、權力結構都在暗示某一種信仰。現代化的信仰改名為「社區總體營造」，改名為各種計畫，如：六星運動、磐石行動、社區營造等，在各地創造了新的神靈、新的玉皇大帝、新的土地公。這種運動是換湯不換藥的二元對立，是現代版的金身而已。人們應該回到樸實的內心，生活的實情去加以思考，一個人生活的價值觀、所需求的事物，需要被別人教導嗎？

有人主張台獨，就有人跟著主張台獨，為了台獨，所有的錯誤都可以包容。其實，人們應該重視人類本心以及生活層面更多更值得重視的寬容、慈悲和善良，而超越國家意識的立場。

否則人們會繼續在二元對立的世界裡學習政治、宗教儀式、藝術文學等。例如：台灣文學家用閩南語寫小說、唸詩來感覺自己的存在。公民意識的建立是在共同的社會基礎下的，而不是共同的國家意識，也不是要建構共同的文化。

一群人共同生活在同一空間下，需要建立共同的倫理和可交流的對話環境，卻不一定需要建造共同的國家意識。例如：同一社區的人有共同的溝通方式，卻不一定有共同的文化或政治意識，這個社群的人民可能包括傳統的中國文化、傳統的閩南文化和客家文化，但是在社區中擁有共同的關懷、慈悲和寬容，都能保持社區的衛生簡潔。

所以人們並不需要在任何一個地方去進行導向式的政策，因為那些都是具有指向性的，有本質就會有非本質，有單一就會有多元。所謂的差異不是針對一致的對立，而是對一致和非一致的超越。

國家將虛擬化、國家法律也將虛級化，取而代之的是城市

為主體的精神，所以人們就可能又回到希臘城邦的時代，以城市為核心的時代又重新到來，但這一次人們的條件是所有城邦之間的聯絡管道變得迅速，而且人們具有科學化的精神。國家成為使人民方便參與國際社會的中介性角色，如參與WTO、WHO等國際會議的代表。

國家機器崩潰，人們又回到城邦時代

人們進入澈底的後後現代和超越國家屬性的時代到來，我們可能要面臨透過網際網路、手機信用卡等新的金融型態。更多的物質儲蓄都變成數位化，物質的鎖鏈可以隨時的提領，人們不需要在家裡存放眾多的物質。過去的囤積基於輸送的不順暢，由於輸送的不順暢或速度的限制。而語言的侷限、權力的侷限，也使得人們不得不臣服在國家主義之下。但是進入後後現代，國家主義將要崩潰了，輸送管道改變了，語言的藩籬會改變，因為人們的視野會改變，我們可以瞭望的區域太多了，沒有人可以看完全世界一年出版的新書，沒有人可以逛完全世界的網站，我們永遠只是在全球局部世界裡面漫步。

美國想要用資本主義壟斷全世界，中國則想要用民族主義壟斷全世界，但是這些國家同時又吸收了全球化重要的內容，三十年內即可知傳統主義或者壟斷式的國家主義皆支撐不下去的，必定因為他們內部對全球化的依賴而自我崩潰。國家機器即將崩潰了！最明顯的例子就是歐盟世界的建構。美國、中國和印度乃至印尼、巴西、俄羅斯等這幾個國家的型態也將改變。

所以，超國家主義的第三條路必定會出現，因為人們擋不住新的科技發明，使得原有的空間概念和權力概念全部被打

破。未來，人們可以透過手機和全世界兩百多個政府打交道。但更有可能的是有一天全世界兩百多個政府也不重要了，而是改成由全世界兩千多個城市作為主軸，那時起城市才是真正的單元，人們必會進到城市為單位的所在。

國家權力已無法維護公民或社群的普遍利益

新啟蒙時代的公民社會應該包括各種社群團體，必須建構新的數位世界溝通型態，不再能信奉契約主義，因為契約主義是透過契約的基礎來信仰國家機器存在，每一個公民要支持契約，就必須建構在已形構國家的政治。人們不應再信仰資本主義下的市場經濟之國家權力或政府機關，也無法信仰國家能維護公民或社群的普遍利益，因為這種普遍性已經不存在了。

進入全球化之後，沒有一個國家可以凌駕於全球化之上，國家可以普遍照顧利益的基礎已經瓦解了。不管是黑格爾學派乃至馬克思主義學派及「契約主義」，或是「自由主義」與資本主義的國家精神也隨之瓦解了。

人類終究要有第三條路，超越契約主義和自由主義的道路，超越國家主義和個人主義的道路。回到社群的心靈、回到世界公民的心靈、回到全球與反全球之外的心靈。去思考新的多元價值是什麼？或者各個社群的價值是什麼？當社群心靈為上的公民社會超越了國家主義，這就是華人的第三條路。

這樣的社群要建構新的道德、新的權力和義務、新的世界性存在的基礎，並且清楚地知道再也沒有最高的權力組織，沒有無上的權威存在，也沒有偶像神壇存在，只有澈底的啟蒙、解構和全球化的良善建構。

國家機器不再是不可取代的地位，也沒有不可取代的功能。所以人們開始選擇不同的城市穿梭，因為工作場域已有高度的可移動性，所以常有人穿梭於不同的城市，在不同的階段以不同的城市為座標，但是，身處何地，並不完全代表他就屬於該城市。

統獨？藍綠？兩岸？都是未覺醒的舊爭論

在二十世紀的台灣，一生中經歷居住在五個跨國城市以上者大有人在，屆時國家真的那麼重要嗎？完全可以想像世界公民時代的到來，使得每一個人都有一個世界通用的手機號碼與信用卡帳號。當一個人的身分是全世界通用的，全球化的資訊和身分必然到來，所以，國家主義還有什麼空間呢？如今還在**大談統獨、藍綠、兩岸對立的，都還是在運用共同體下的神壇制度，都是未覺醒的思想。**

假如全台灣所有讀過書的軍公教人員、企業界人士、中產階級都明白第三條路的概念，那麼以統獨為政策主體的藍綠兩陣營就勢必會缺乏支持，新的政治人物就會出現。

全球化的政治人物必須重新登場，只會玩弄選票的政客必須回到學校去進修數位全球化的概念，才有辦法重新贏得市民的信賴。當原有的信仰被推翻了，再也沒有統一的神壇可以輕易的取得信徒的膜拜，再也沒辦法用國家意識來確保自己的利益和政黨的存在，使得人民臣服其中。而最關鍵的原因是人們終於發現自己可以超越國家之上，人們赫然驚醒可以進行最澈底的自由，可以遊走在全世界兩、三千個城市裡面，人和國家的關係卻轉成是薄弱的。

但是人還是必須遵守普遍的倫理道德，以及人性和自然之間的相處法則。人屬於自身所在的社群，心靈與精神的需求遠大於物質的需求。人所需要的物質只要能供給溫飽即可，多餘的物質其實都是來滿足精神的層次。但現今人類對於精神層面的侷限，最主要是來自於國家主義和傳統主義。因為傳統主義在現代主義、國家主義下有躲藏的空間，例如：社區總體營造就是使得傳統主義的毒害可以繼續存在的溫床，各種黑道白道繼續變形現身，成為各種新的偶像和地方派系、廟宇利益組織掛勾的關鍵原因。

所以在後現代資訊社會、數位社會底下，全球化公民絕對不會願意投票給二元對立的政客，因為他們站在城市公民的緯度上，即使是變形的國家主義都會引起各種不正常的危機，各種不正常的資本累積也會引起各種不必要的區域保護、不必要的抵抗或者民族主義的興起。

國家主義是二元對立的溫床，第三條路的阻礙

國家主義總是具有壟斷性，並可以支撐各種暴力的存在。所以當我們看到各種社區營造之下所形成的浪費和視覺藝術的暴力，國家主義更可以變更各種名目來徵稅或徵調人民。於是國家主義在開發中國家、未開發國家總可以制定各種約定民間或吸收民間資源的手段，以達到統治者的自我目的。政客永遠有溫床可以吸取民間的資源。

簡言之，國家主義等同於二元對立的溫床，真正的啟蒙應該是超越國家主義、超越社區共同體概念，返回人類最質樸的需求、返回心靈最深的層次去加以反省、返回各種意識形態侷

限了我們存在的思考。

　　人們可以在超國家主義上重新擬定全球化新契約精神，建構全球公民的概念。在尊重差異的角度之下，人們應該擺脫二元對立的思考，尋求不一致的超越。過去常動員團隊或管理的思考是現代主義的思考，是一個造神式的思考，這種新造神式的思考只會再造成新的問題，或者是更鞏固某種意識形態的結構，遇到強大的對立和批判。

　　在國家的層級下，社區的營造若不了解差異或傳統道家超越性精神之所在，若只是運用市民性社會精神來推動社區營造，就會產生資源的爭奪，包括各種經費的申請或者是不當的公共建設，荒廢各種美學理念，突顯、升高了二元對立的衝突。所以，社區建設的推動反而產生了新的紛爭，政策提供了一萬個以上的新廝殺領域，社區營造提供給政客作為無止境獲利的根源，各界人士來消耗經費，而不是讓大家有一條更寬廣、更包容、更慈悲的路，也無助於人心的反省、對大自然的反省，也無助於素樸主義、純粹道德本心的思考。

　　過去的政治、社會、經濟的根源會牢牢地緊跟著市民社會，在這個體系下的社會價值、文化價值、社會組織與社群的溝通方式都會有共同的鎖鏈，我們都可以透過系譜學加以脈絡性的追尋，這就是尼采和傅科在研究政治社會、經濟社會的社會價值、文化價值、組織編制、溝通模式的方法，這貫穿了各種權力的觀念以及各種權力的建構，也保障了各種區域與網絡的連接，形成了傳統社會到現代社會的道德或權力系譜，或各種人的脈絡。

新世界公民概念是與全球化和社群化連結的

　　城市的下一個層級就是所謂的社區，所謂的社區很可能是社群的社區和心靈的社區，不再是屬地原則，而是**城市與心靈空間交互結合的全球世界，是社群的交互關係，那麼真正的跨國際時代就到來了，建構屬於國家主義的市民精神就變得毫無必要**，因為跨國際的心靈社群與跨國際的社群已經到來了。

　　現今，有許多組織是跨國際的組織，這些都不是政府可以加以侷限或規範的，政府的功能愈來愈小，而城市的功能愈來愈大。二〇〇七年以總統為首，台灣人為了加入聯合國而舉辦路跑，但是台北市政府因為路權與申請程序合法性來反對活動，反抗總統。市政府的力量與在地化的規範，是城市的功能，更成為公民賴以生存的要件。因此，依附在國家之下的市民精神一下子被取消了，進入了全球化和社群化兩個互相交疊的新世界公民概念。

　　社會可以區分為心理社會、社群社會和物質社會以及網路社會或數位社會、消費社會等等的新概念，這些包括各種經濟的鎖鏈，社會的組成功能已經不是以前簡單的精神物質社會可以區分。

　　國家機器變得極度的次要，城市與心靈社會的倫理與秩序維持，以及新的數位化的生活和物質體系，才是我們未來要面對的新公共領域。人類未來要面對的公共領域和以前完全不一樣了，站在一個全球化配置的時代中，人類們可以極度的精進，也可以極度的迅速。在全球網路的架構下，任何兩個點對點的電腦設備，都可以在一分鐘內達成聯繫的功能，甚至有翻

譯、互相對話的功能，如此一來，還有什麼社區、城市非得臣
服在國家之下的理由。

**以國家作為最高共同體的社會，其實就是二分法的對立形
式**，也是結構主義、形式主義下的產物，都是黑格爾、馬克思
主義的變身。殊不知走下神壇的時代已經到來，人們到了後後
現代，連全球最偉大的投資家巴菲特與全球首富比爾蓋茲都不
可能成為永久的領導，任何一個富豪都沒辦法保證繼續擁有權
威與財富，各國領袖也是一樣，只有全球化極度落後的地方可
以繼續保持獨裁，例如：古巴、柬埔寨、緬甸。

全球化經濟型態，進入後後現代的新啟蒙

而華人社會進入後後現代，也快速的進入新經濟時代，快
速發展新的科技和城市文明，快速的和全球接軌。華人世界現
在已經是全球第二大的經濟體，也有大量的數位資訊人才，使
得舊有的國家體制已經不適用，所以**台灣應暫時擱置二元對立
的統獨問題，積極發展數位化、全球化，開啟以城市為單位的
對話及新全球化的市民意識和新啟蒙，從第三條路出發**。並且
把新啟蒙的力量帶給中國大陸三百四十三個城市，及七十萬個
村里，讓中國直接跨越現代化階段，直接進入後後現代世界的
新啟蒙。

因為後後現代的精神不需要透過必然物質序列形式，例
如：當世界科技已經發明了DVD，未開發國家在科技使用時，
就不用從錄音帶開始研究、使用，跳過磁碟片，直接用光碟，
或者跨越留聲機、錄音機甚至MP3，再跨越到MP4。

第三條路出現時，不必隨著政治人物所建構的國家體制公

民意識而存在，覺醒方式不再屬於國家式的覺醒，而是社群的覺醒，全人的覺醒，是一個全球化的覺醒。拒絕共同體概念，拒絕集體性存在的必要性。沒有一個公民必須天生的為國家犧牲，人類的誕生遠遠超過國家的建立，那麼為什麼，人們必須信仰國家至上的精神直到永恆呢？

「共識」從不存在，只是差異總被壓制在統一或同一的腳下

　　所謂的「共識」從來就沒有存在，共識永遠是一方壓制了另一方。人們已經在台灣的政黨惡鬥中看到共識的不存在。正因為人不尊重差異，並不斷地追尋不可能的共識，才會有從不停止的對立出現。因此，只要大家仍追求共識，第三條路就不會出現。有待盲目追求國家至上的意識漸退，愛國意識、保護主義、民族主義的認同逐步消退，非理性的運作才會不見，新啟蒙運動才會真正到來。**回到全球化的市民精神，回到個人本質的存在思考，超越共同體的需求，這時候華人的第三條路才會出現。**

第二章　華人世界的斷裂命運及其超越趨勢

　　在華人的集體潛意識中暗存著一種斷裂的命運感，所以筆者把華人的世界稱為是「斷裂世界」。表面上，華人的歷史似乎是全世界二十一個文明中唯一從上古延續至今，但問題是，這種長期的連續體中其實都是斷裂的，這可從華人的自我生活世界觀察中感覺到。

歷史更迭，形成斷裂的華人歷史觀

　　當出現了新的統治者，舊歷史的敘事就會開始被改變。這就和上一個朝代形成斷裂感。以整個中華人民的歷史來說，因為不斷地受到外族入侵。例如：五胡亂華、元朝、清朝等非漢族的統治；單以台灣來說，曾經歷西班牙、葡萄牙、荷蘭、日本多國的統治，後來進入國民政府時期，又接受國民黨、民進黨兩種不同思維方式和意識形態的統治。

　　再以港澳來說，香港經過了英國政府領導九十九年，澳門則經過葡萄牙領導將近百年，當兩個地區的歷史重新接回所謂「大中國」的思潮中時，這形成了一種斷裂。廣義的華人社會，還包括海外的華僑，如：美國新移民、世界各地的華人，海外的華人在歷史感上也一樣是斷裂的。他們進入異國文化

時，無法立即、快速的融入當地，當然產生了一種斷裂狀態。所以，整個華人世界都可說是「斷裂的」。

這種斷裂的歷史感影響了每一個華人的生命感受，也影響了每一個人的命運感受，使得華人的命運發展史與其他民族有非常大的不同。例如，以美國來說，一七七六年以後便有盛大、連續的民主體制；而日本則因為其強大的經濟體天皇一系，使得其國民有單一國家的認同感受。

因此，華人歷史的敘事、領導者、主流意識不停地更換，使得整個思想乃至華人的時間感成為斷裂。凡作為服侍主人的奴婢或被領導者，基於主人的意識形態變化，則必須完全更換原來的思想，以接受新主人所立下的典範、準則。華人命運總介於服侍者及被領導者和領導者之間，什麼時候第三條路才會出現。

駁雜多國風格的都市文化，造成空間的斷裂感

除了整體歷史、統治政權是斷裂的，許多都市的文化之間也是斷裂的，甚至讓人感覺置身於另一個國家。以台灣的都市生活感受來說，其實非常接近美國文化，尤其是台北。如果把台北街市街道招牌廣告中所出現的中文字，全部都換成英文，整個都市感幾乎就像是美國的一個城市。而台灣除了受美國文化的影響非常巨大，另外又受到日本文化的影響。因此台灣的世界潛藏著隱性的階級制度，包含在城市裡面的任何一個活動、公開聚會或是私人聚會。

中國目前約有三百四十多個城市，約略可以區分為四級。「一級城市」：如北京、上海、南京這類的超級城市；「二級

城市」則如武漢；三級城市（如紹興）與四級城市（如餘姚）的文化也絕不能等同觀之。

以北京為例，俗話說「不到北京不知道官小」，單是一個北京，部級幹部就可能是上千人，部長級的人在北京並不是很稀奇或高位官，可是在其他城市就未必如此。譬如在杭州就沒有這麼大的官員比例，但是其休閒化文化方面的發展就大得多。所以以宏觀的角度來看中國的單一城市，其彼此之間的都市文化或是階層體制也是斷裂的。

潛在意識的不安定，使華人努力追尋安定

華人在縱向的歷史時間中、橫向的存在空間中，都不斷地在改變集體意識、認同、語言，改變族群價值上的認同，甚至是改變國家意識上的認同。在改變了自我認同的同時，其實也就能夠充分感受到自己的命運的斷裂，這種感受會形成集體潛意識的基奠。換句話說，累積在華人們的集體潛意識中，有一個不安定感和斷裂感存在，這種不安定感會使華人努力去追尋安定感、確定感。但是中國儒家式的信仰中，偏偏又缺乏超越的永恆，所以華人在反省思考時，首先會碰觸到的問題往往只是自己的良知世界。

良知具有高度的直覺特質、高度的社群意義。所謂「高度的社群意義」在每一個社群得到的判準是不一樣的。例如：現代的華人社會是一夫一妻制，若是有了第二個妻子是一種不道德的行為；但是回教國家是一夫四妻制，所以在回教國家中，一個男人可以明媒正娶第二個、第三個妻子，而不被認為是外遇，而是正常的婚嫁與家庭組織組成，也能解決社會問題。所

以在不同的社群中，道德的判準會有所差異。

又例如說，中國古代有著「女子無才便是德」的概念，特別是北宋儒學興起後，直到民國初期，總共長達八百年左右的華人社會，女人必須從小纏三寸小腳。這對於人體的健康、骨骼發展來說，是完全不正常的抑制，從現代醫學去理解，腳底有非常多的交互反射區，若是長期壓迫會影響到身體的五臟六腑。但是古代的思想儒家的專權主義結合了父權、皇權，形塑了此異常的審美觀，也造成了整個社會的不理智。

單是女性纏小腳的例子，就可以說明儒家在華人社會中所扮演的非理性因素，缺乏反省的能力多麼嚴重。儒家的崇尚者身為當代社會的高知識分子，卻沒有辦法讓女性的身體自由的發展，束縛成長，小腳使得女性行動不便，女性的命運終身被鎖在庭院中，大門不出、二門不邁，其命運就被大環境所決定了。這種命運當然也是一種斷裂性，她的腳決定了她的行動，因此也就決定了她的生活、婚姻、行為方式等等，和外界產生斷裂。如：《牡丹亭》中的杜麗娘必須死而復生，才能和夢中情人相愛，才能脫逃大社會的斷裂。人的命運就是如此，被一刀一刀地在社會結構中切割開來。

到了現代社會，這種狀況有了局部的改善，至少現在華人世界中，不再有女人纏小腳的事實。但是仍有其他類似的例子。舉例來說：台灣繼承中國儒家的觀念中，對媳婦的要求是十分嚴苛的，尤其是在傳統的家庭觀念或農村社會中，要負責侍奉公婆、早起煮稀飯，所有家事都要自己做，丈夫不可進廚房、不可洗碗，應該坐在客廳等水果，照顧孩子也要一手包辦，自己總是最晚吃飯，完全是非人道的對待。媳婦娶進門，就好比是一個家庭請了一個女僕。如果這樣的價值觀放到美

國，是完全不可接受的。

有一個中國知名學者在美國名校教書，他和第二任太太離婚的原因是太太不願意按照中國傳統禮儀來辦理他父親的喪事，然而對於一個美國的女性來說，她認為這是丈夫的父親，一切後事應該由丈夫張羅，自己只要參加喪禮即可。如果從尊重個人人權的角度來說，這位女性似乎沒有做錯，但是為什麼在美國教書這麼久的教授，即使充分理解自由主義，但還是會犯這樣的問題呢？理由只有一個——文化的割裂。

集體文化意識驅使每個人去進行思考、行為。這種潛意識的力量非常巨大。舉個例子來說，在台灣，男人外遇和女人外遇的命運是完全不一樣的。華人世界中，男性中心主義給了男人一定的特權，男人外遇後只要回頭，就船過水無痕，多數女人會默默接受，保持家庭和諧。但是若是女性出牆，男人可能就會以粗暴、暴力的方式解決問題，不太可能完全言歸於好，甚至仍在一個家庭中共同生活。這是一種不相等的對待，這在整個華人的歷史中有各種長期的因素埋藏於其中，這也是形成華人世界的斷裂感的一種因素。

超越過去，才能跨越斷裂的世界

所謂「斷裂」乃是難以癒合、破鏡難圓、碎玉難全的狀態，不連續、不一致、不平等。

既已斷裂就無法重新焊接，這種斷裂感不可能消弭，它永遠是一個事實，無法透過反省、檢討來融合。除非，升高視野，放眼未來，才能超越過去的斷裂。例如：非漢民族所建立的元朝、清朝在歷史上無法消弭民族問題，但是可以在元朝統

治過後，超越它，超越斷裂對社會所造成的傷害。

在台灣也是一樣，歷經二二八事件以後，族群斷裂的痕跡不可能改變。當時國民政府在全台灣各地抓走兩萬多名以上的菁英，使得當時全台三百多萬的閩南人幾乎菁英殆盡，只剩下不到十分之一的精英。這個斷裂當然難以彌補，要敉平二二八的斷裂幾乎毫無可能，唯一的辦法只有超越、放眼於未來，跨越斷裂，向前發展。這需要策略和規劃，逃離華人集體潛意識的支配，規劃新的社會和命運。

第三條路之華人命運的超越趨勢

談到華人命運的斷裂，可以用華人話劇的三部曲來作為指標性說明，並且從中解析超越的趨勢。首部曲是曹禺劃時代的作品《雷雨》，第二部是老舍的《茶館》，第三部是賴聲川的《暗戀桃花源》，這三部作品都說明華人命運的乖舛與命運的斷裂。

《雷雨》中，表現出道德與儒家文化的斷裂，其內部強大陽奉陰違的張力。在此看到將近兩百年的華人命運非常特殊，大概只有以色列人、部分阿拉伯地區人的命運可以和華人相比擬，不斷地換當家老闆，以致於人民不斷地成為不同民族主人的俘虜，斷裂感以及想追逐自己命運自主權的意識，當然會在心中不斷地吶喊。

再以《茶館》來說，故事描述茶館的老闆從清光緒二十四年到抗戰勝利之後，經歷將近五十年左右的過程，老闆是清朝末年人氏，歷經時代的變局，並且要不斷地適應新環境，從戊戌變法、中華民國、袁世凱稱帝、軍閥大戰、對日抗戰、蔣委

員長的時代，在不斷地變局中，茶館老闆都依靠強韌的適應力生存下來，但是當蔣委員長收復了被日本佔領的局面後，軍閥的對抗壓力還是把他逼死了，故事最後他吊死在自己的茶館中。

在這之中他見到形形色色的人進出他的茶館，包括他的房東本來想要成為一個實業家，可是最後由於時代變遷，產業全部都充公了，無法如願；另外，一個滿族人的愛國志士，賣野產、野菜維生，自食其力，但最後還是在路上找了一大堆的紙錢，準備為自己送葬。走過那麼多時代風雨，最後這三個人在年老之際於茶館相會，慷慨激昂地敘述自己生平的結果，待軍閥進入茶館，三人自己選擇了斷的道路。真正死亡的原因是命運已經產生「斷裂感」，生命進入了不可再忍耐的情況。

《雷雨》、《茶館》都對華人崎嶇的命運大聲吶喊了。但是在八○年代的完成《暗戀桃花源》，到了二○○七年的版本加入了明華園歌仔戲的表演，國台語混合版，明華園當家小生陳勝在、南部歌仔戲天王陳昭香都粉墨登場。這樣的版本告訴人民戲劇開始進入了後現代，這是一個新趨勢，同樣面對命運乖舛，人的存在感已經開始不同了。這齣戲劇普遍在台灣演出，一樣是透過喜劇、悲劇的二元對立，互相滲透，最後二元對立又被打破的交互過程，既結構又解構。這代表了台灣新命運的發展走向一個更開放的創意道路，可它視為一種後後現代，這齣戲劇也是一種命運趨勢的寫照和反映。

華人的命運開始不再是過去封閉社會中不斷斷裂的結果，命運開始國際化、有高度自由選擇的可能，例如：在網路上馳騁，透過MSN、即時通、部落格跟全世界的人分享，那是過去永遠都想像不到的。但是，現在任何一個認真工作的台灣人，要取得使用電腦的機會並不難，要學會打字也不需要太長的時

間，當訊息傳遞的廣闊性增加，這樣的趨勢乃重構了華人們的生命感。

舉例來說：在藝術創作的世界中，在流行文化的世界中，我們已經看到跨越舊有命運的局面。台灣在二〇〇七年突然大為流行的選秀節目，都在說明一個跨越國際、跨越島嶼、跨越兩岸的流行趨勢。又例如：中國曾在萬里長城上舉行服裝走秀。所以，超越的趨勢不僅僅只是話劇、藝術表現，連流行文化、生活都是一樣。

於是當我們在看李安導演的電影《色‧戒》，其實可以體會到李安主要是希望走出歷史背景；雖然電影為張愛玲小說《惘然記》改編而成，但這段歷史對我們來說，終究只是一個記憶，我們不再會重複愛國主義二元對立，在雙方到底誰是誰非永遠分不清楚的狀況下，莫名其妙的犧牲自己的生命，莫名其妙的為某一邊捐軀。這樣的命運對於華人世界來說，不再會出現，因為我們已經進入了文明的另外一個階段。

我們現在需要努力的是，對中國大陸中西部的開發，要有更多的著力；對於台灣中南部事業情況要有更多的努力；我們需要努力縮小貧富懸殊，讓一些沒有辦法翻身的貧窮階層有希望感；讓所有的華人活在希望中，這是所有知識分子或從政人員應該有的志向。在整個的知識經濟環節中，知識經濟從業人員包括醫生、所有醫療人員、科技人才、教職人員、新聞工作者、律師、會計師、具有高操作性的機械專業人員、金融從業人員等等，這些都是知識經濟的主要代表，這些知識分子可以從關懷社會的角度，共同跨越嚴重的貧富階層，來關懷周邊的社區社群，以學校、村里鄰里為單位來提供社會服務，那麼舊有的命運就不會再重複。

但是，如果我們不斷地沉溺於懦弱無能或權力的利慾薰心，則我們可能會創造新的歷史悲劇，如果不希望這樣的悲劇發生，大概就要動員社會知識分子的能量，透過各種來自於民間的力量，去救援或者是協助周邊需要去協助的人。形成幾個具公信力的社福團體，民眾就願意捐助資源，當資源集中，加入知識和人力的投入，就能改變世界，關懷所有華人的命運，對於華人命運的改變會更有卓然的成效，建構全新的後現代公民社會的世界。於是我們有了第三條路。

第三章　華人世界的政治斷裂及其超越趨勢

　　為什麼華人世界的政治局面是特別的斷裂、特別的不連接，第一個影響的就是所謂的國家因素環境，光是台灣在一百年裡面換了好幾次的國家意識，而且之間一直是斷裂的。

整個亞洲恐怕沒有一個台灣的複雜度高！

　　台灣雖然只有二千三百萬人，面積只有福建省的三分之一大，但是它具有的複雜的變項因素，很可能可以集合全世界兩百多個國家所具有的複雜項目，集於一個台灣島上。台灣經歷過太多不同的領導者，包括荷蘭、葡萄牙、西班牙、日本、清政府、外省菁英族群等。筆者特別提及外省菁英族群的原因是，他們不是所有的外省人，而只是部分的外省人，播遷來台後，外省人並不是全部都成為統治者。而且要知道這群外省族群的命運也一樣坎坷，他們坎坷的命運不遜於原在台灣的普羅大眾。

　　總之，台灣所面對的歷史的命運以及政治的糾葛，其複雜性很可能是全世界、全亞洲的綜合。如果台灣的世家大族對外省精英的統治心有不甘，那麼看看孫立人、張學良；中就大多數的非權貴者，不管是那個族群，我們同是天涯淪落人。

華人的國家意識不斷改變

　　台灣首先對清政府效忠，所以國家意識是對大清滿朝的國家意識。接著日本人割讓給日本人，必須要對日本人效忠，是大日本帝國。一九四九年以後，國民黨進到台灣來，人民必須要對國民政府效忠，這三次的統治者是三個不一樣的民族，所以人民的國家意識和民族意識是絕對斷絕的，以最高的價值觀所發展其他各種外交體系，或者是文化藝術發展，例如：所有文化活動是不能牴觸到愛新覺羅的家族，不能有所冒犯，不能有所批評，因為這個統治政權有著文字獄。

　　閩南族群面對滿州族群，要花一段很長的時間去適應，好不容易適應了，留辮子也習慣了，卻接著要面對另外一個更遙遠、語言差異更大的大和民族。日本天皇和愛新覺羅當然是不一樣的，而且他們兩者之間的關係是敵對的，甲午戰爭之後台灣人民必須去效忠大和民族的皇室，並且使用它的語言，國家意識必須改成自己是日本人。但實際上語言還是閩南族群，所以人民依舊是感到壓抑和斷裂的。

近一百年中，兩次重大的政治巨變

　　當清政府把台灣割讓給日本，台灣經過多少次的抗日運動，日本用了多少方法來鎮壓台灣，這些史蹟已經完全記載在史冊上。一直到日本發動東亞戰爭，還設計台灣男人成為日本的一軍，運用了「皇民化運動」。表面上使台灣人跟日本人一樣榮耀，成為皇民，實際上是要台灣的勞動力成為軍力，成

為砲灰。再說到當時的「神風特攻隊」，世人多以為這些所謂「勇士」，都是效忠的日本人士，但其實神風特攻隊多半是韓國籍的少年人，不到二十歲。這樣的作法，不管日本殖民於台灣、殖民於韓國、殖民於滿州，都是一致的統治方式。

這樣的斷裂歷史對於東北、韓國、台灣來說都是不愉快的。所以台灣人在近一百年中，就有兩次極大、重大的民族斷裂裂痕存於心。

尤其像日本如此注重禮儀文化的國家，對於所殖民的地方人民，必有一定的高位尊容感呈現出來，台灣人對日本人講話都必須要用極為尊敬的用語來作為表達。這就間接使得台灣人具有一種謙卑感和卑微感，但也使得台灣人相對來說極為純樸、善良，被馴化的非常良好，而且努力服侍於他人，反抗性乃已經逐步被消滅。

但是沒有想到被馴化五十年後的台灣人，在回到所謂祖國懷抱之後，卻遇到特殊精神狀態的統治者階層。兩個團體互動之下當然有摩擦、有口角，需要溝通，但是只要一有聲音，就會被鎮壓，因為這個方式最快速、也最簡單，能夠達成鞏固政權的目標。對於外省菁英統治集團來說，台灣人民只需要服從，沒有溝通、沒有協商的餘地，因為溝通和協商都是他們最懼怕的。因為國民政府和當時大陸共產黨多次的協商談判之後，終於失掉了整片的江山，原先以為可以力守住長江以南，也全部喪失。

可是再仔細回頭想想，台灣只有這一場悲劇而已嗎？當然不只。到了國民政府一九四九年正式進入台灣後，又建立一個新的政權，台灣人原本以為會重回祖國的懷抱，並且感覺到溫暖，可是沒有意識到面對的是另外一個統治族群，有史以來沒

有過的統治型態，菁英集中到一個小小的台北，組成一個外省統治集團，為了尋求穩定，卻造成非常多的悲劇。人民又再一次必須效忠一個完全不熟悉的國家。對於台灣人民來講，只知道回歸祖國懷抱，卻完全不了解興中會、同盟會、國民黨與共產黨在大陸的爭鬥歷史，蔣介石到底是怎麼樣的一個人，這些事情對大多數台灣人民來講都是陌生的。

一九四九年，台灣澈底斷裂的開始

　　一九四九年的台灣，是特殊的歷史局面，一個諾大國家有近一半的菁英集中到一個小島的小城市裡，全世界的歷史僅此一案，沒有第二案。這麼多的菁英到台灣來，它有一個新的局面發展，對所有的社會建設、社會組織都是全新的。但是當時的台灣，經過日本人的建設，如：大稻埕已發展到即將進入後現代文化的狀態，有非常多的沙龍，聚集了許多藝文界的人，他們瞬間要從以日語和閩南語為主的表達語言，轉成以北京話為主要語言來表達。單是這一點就已經是一個大斷裂，而且對世人而言仍然是記憶猶新，在歷史上有太多太多的史料來佐證。

　　由於國民政府失去了諾大的大陸政權，必須固守台灣，絕對不能再丟掉台灣，以致於壓力太大，統治者強烈地擔心受怕感，造成了內在的恐懼和恐慌。所以對於台灣內部有任何可能的反對，都必須要加以消滅，這使得閩南人要表達反對意見就會被以特殊高壓的方式來消音。

統治基層具有精神恐慌、政治壓力感

在受了龐大精神恐慌的政治壓力後，統治者統治百姓時，也就會強烈地希望統治世人意志；這是一群生病的人面對一群無辜的人的統治過程，於是悲劇命運就必然發生了。

這群統治階層一開始還幻想著台灣並不是久留之地，還可以打回大陸，當時只有蔣介石、宋美齡及他們的親信知道，再也不可能打回去大陸了。但是其他的統治菁英們卻未必這麼想，共同的是採取高壓統治的手法，採取不溝通的辦法。對於蔣介石來說，最大的抱憾就是在重慶會談中，聽了美國的說服，沒有把毛澤東除去。所以對於這群外省統治者來說，所有的談判都可能會失去政權，所有的協商都會失去權力，所以政治的發展過程造成了這群統治階層有了一定程度的精神疾病。

極為純樸的台灣人面對這樣的精神疾病集體患者，加上語言、文化的不同，溝通中的確會形成障礙，因為閩南人不擅長用北京話說話，仍習慣性使用母語。不管是閩南語、客家語或者是原住民語言，就形成溝通上一定程度的不順暢，以及表達上、階級上的落差，甚至在社會競爭中，不公平的語言使用對待。

現在所見到的台灣正名運動、民粹式的運動也就都是合理的反應，這是來自精神狀態上的合理發展，長期被壓抑之後心理上的正常需求，舉例來說：歷史上著名的作票事件——宜蘭縣選舉郭雨新事件。當時，郭雨新高票落選，宜蘭人群情激憤，揚言要暴動，但是具有高度政治智慧的郭雨新，站在宣傳車上告訴群眾：「這樣的落選難道不也是一種光榮嗎？」使得宜蘭人轉向內斂去凝聚的士氣。所以在郭雨新之後，開創出了

林義雄、陳定南、游錫堃、劉守成、陳菊、陳金德等等所謂宜蘭幫的政治勢力。

我惹不起你，但是轉身要走，就撞著你了

　　外省人到了台灣受惠的領導階層和南宋政府南遷的情況有些相似之處，一群菁英族群到了杭州，形成了特殊的統治階層，可是又不完全相同。因為民國時期，只要是支持國民政府、反對共產黨的精英和富人，或是學界、產業界、宗教界、政界的菁英全部到了台灣，且主要以台北為首，所以當時的建設集中在台北。而南宋則是北宋撤退到江南，但是長江以南的菁英，如湖南、江西、安徽這些地方本已經有其文化性和知識分子的社群，而且掌握的領土也遠遠大於台灣，至少大了數十倍，所以資源的集中性不像台北。

　　全大陸的菁英全部集中在台灣一個小島上，情況會變得怎麼樣？有兩個點以思考，第一點是台灣島變得極度有競爭力，短短幾年，台灣的經濟實力上躍居為世界二十名內，並可和其他大型國家競爭比較。另一方面，其極度複雜性也同時出現，其競爭的紛雜度是整個中國大陸任何一個城市都不能想像的，超過北京、上海、香港。舉例來說：大陸領地廣闊，當他們不想遇到某個人物，可以說「我惹不起你，我躲得起你」，躲得遠遠的，自己另起爐灶發展去，頭還是鼎立一片天。但是在台灣是「我惹不起你，但是轉身要走，就撞著你了。」因為台灣實在地方太小了。

　　再舉例來說，台積電的張忠謀和聯電的曹興誠，如果他們在美國將會有更大空間。一個人可以在洛杉磯發展，而另一個

人在紐約！不是像在台灣，兩個人才在台北、新竹咫呎之間，彼此的競爭慘烈，經常碰觸到對方的發展。再說到在學術圈裡也一樣、政治圈也一樣。這種因競爭激烈所產生的斷裂，在台灣無以復加的延燒開來，若沒有經過歷史的了解、現況的剖析，我們將只會持續這種命運。不過**高度的競爭也激盪了台灣人有了「創意」達到世界第二前衛的水平。**

台灣將因政治立場，而造成人口分布的斷裂

雖然宜蘭佔地的大小和台南差不多，但是台南縣市人口有二百五十萬人口，宜蘭卻只有三、四十萬，然而宜蘭的政治勢力竟然可以和台南幫並列台灣兩大幫之一，在政治版圖勢力方面一點都不遜於台南人。這就是因為其有個特殊的政治傳統跟政治勢力。另外一個台灣民主聖地是嘉義市，因為嘉義市和宜蘭一樣，在國民黨高壓統治時期，有長期二十四年是非國民黨外省菁英來領導，但是黨外勢力並不等同於民進黨勢力，而是屬於地方派系的黨外勢力，如嘉義市是屬於許家班勢力。所以單是看台灣的政治歷史就可以看到斷裂的呈現。

再看台灣的人口居住民的分布，汪笨湖在二○○六年面對群眾大運動時說：「如果馬英九領導台灣人民，重新取回政權，那大家就直接宣布濁水溪以南獨立。」這些話透過電視媒體宣傳出去，那場運動中甚至有立場偏藍的電視台記者、主編，遭到民眾莫名其妙的毆打，並不是個人有不當的言論，而是民眾對於其所服務的電視台立場不同，殊不知這些記者的個人立場其實可能是綠色的。這種狀況有點像二○○○年，連戰選總統落選以後，徐立德冤枉被打是有點類似的，因為徐立德

向來最支持連戰，但是民眾不了解，只因為情緒，使用暴力，甚至打錯了人，他們都成了代罪羔羊。

　　汪笨湖指濁水溪以南想要獨立，主要是指濁水溪以南居住的百分之九十人口是閩南族群，所以可以大聲如此宣布。但是如果這個邏輯成立的話，桃竹苗地區也可以宣布獨立，因為在當地客家族群也佔了百分之九十的人口。而這個邏輯下，中央山脈也可以宣布獨立，因為在那裡有十三個高山族族群。再延燒到花東地區、蘭嶼每個地區都可以宣布獨立，那麼台灣就真的斷裂了，斷裂的人口分布結構形成了獨特台灣命運的斷裂現象。

台灣因政治斷裂而造成語言斷裂

　　二〇〇〇年民進黨執政以後，閩南語、客家語、原住民語言的使用，似乎才開始獲得一些平反和舒展。一旦這種被壓抑五十多年的力量延燒開來，另一個斷裂也就正式檯面化。長期的被壓抑會造成政治恐懼和政治恐慌，會需要時間去延燒和爆發。

　　台灣國語的發音，外省族群聽起來覺得美感不夠，所以總是選出某一些發音、某一種長相的人來作為官員。直到今天，有一部分的台灣民眾仍然是比較習慣國民黨時期官員的長像，因為總認為這樣的長相比較像是官員，而不適應民進黨派出的官員長相。這是一個審美上的問題，而不代表能力。其貌不揚，或是其貌不符合外省人的審美，不代表它的能力一定遜於所謂的外省菁英。例如：比起宋楚瑜、馬英九，蘇貞昌、謝長廷的長相當然算不上帥。而蘇貞昌和謝長廷作為本省人的菁英，始終沒有辦法把國語說得很字正腔圓，沒有辦法把北京話說得流利，使得斷裂感在表達的過程中始終存在。但是台灣人

終於漸漸反省到，長相不能夠延伸到施政能力上。

由於台灣後現代文化的發展，在語言使用的斷裂感已經直接表現在綜藝節目上。例如：模仿客家人、模仿台灣人的語調，或者二〇〇七年九月十五日，馬英九曾率領其支持者舉辦「返台運動」，故意穿著藍白拖鞋，要表現出所謂的「台味」。這種「台」是後現代式的，作為一種反諷、表現、表演，國民黨呈現出這種新的演出型態來混淆視聽。諸如此類的現象，已經充斥在整個台灣島上。

脆弱的政治關係，隨時改變意志

整個台灣國家意識形態的斷裂是在世界之中的討論，實際上即使是同一個政黨，黨員們的思想和意識形態也有斷裂。舉例來說：二〇〇七年九月二十七日，當時民進黨黨主席游錫堃，招開記者會說明自己因特別費被起訴的九月二十一當天，秘書才剛剛被約談，但是在約談的隔一天就立刻偵查完畢、起訴。速度之快，令人感到不可思議。游錫堃表示自己本來認為被起訴的時間是十月初，在民進黨代表大會之後。這個記者會充滿玄機，第一個玄機是游錫堃為什麼能知道自己在十月會被起訴，第二個玄機是他又怎麼知道有人把這個時間提前了，並且由游錫堃表示，這件事肯定是自己人幹的。所以其中存在著一個強烈的斷裂，那麼其中的價值到底是什麼？就沒有一個可遵循的法則，而只有「以人為主」的一種政治定律。只要人的意志改變，所有的遊戲規則就會改變。原本被認為是陳水扁最忠心耿耿的政治朋友——游錫堃，竟然招開記者會暗指自己人的操作，使他提早起訴、辭去黨主席。二〇〇七年，黃義交悄

悄的加入國民黨。但是，在一年多前，大家才聽到黃義交在電視機前面告訴大家，他會是最後一個離開親民黨的。可是到二〇〇八年一月為止，親民黨只有二十個立委。

　　這種情況同樣也出現在國民黨，當國民黨的黨主席是李登輝、連戰、吳伯雄或是馬英九時，整個黨的意志就不一樣，對於其他的政治人物的批評尺度也會改變。這種關係是非常脆弱，非常不精準的。回憶一下李登輝的時代，蘇志誠是李總統最重要的親戚和秘書，但是曾幾何時蘇志誠也和李登輝說再見，斷裂了。

政治斷裂，造成人民不幸福、不快樂、不安適

　　這種關係如此脆弱，政治權力結構改變，權力交互位置改變，最堅固的情誼就可以改變。這使得整個華人世界陷入一種價值錯亂和價值扭曲的生命感，人的存在變得不安適。所以，即便是台灣仍然在世界第十六大經濟體的位置，國家財力富足程度非常高。但是幸福指數、快樂指數在全世界比較下非常低，甚至沒辦法勝過經濟遠遜於台灣的不丹，如果擁有基本的溫飽內心也十分幸福，和努力賺了很多錢卻感到不幸福，到底哪一個才是更好的生命的對待呢？哪一個才是更好的生活呢？我們的存在到底是追求什麼呢？

　　大陸的狀況其實也是一樣，知識分子常常掛在嘴邊：連國家主席隨時都可以被免職，被免去黨職成為階下囚，那麼還有誰的地位是可以全然確定的呢？所有的關係都能在權利關係的改變下，瞬間瓦解，而且可以動用國家的司法機器、檢調機器來鬥爭自己的同志、來操作自己的同志，以保護、調整自己的

權力結構，那麼，人性的善良看來就消失不見了。

如果政治結構是這樣的脆弱，當然會影響到整個社會結構、經濟結構。只要換一個政治的領導者，就會有一個新的價值體系，新的政治架構出現，整個政商結構也就會隨著改變，例如：李登輝總統時代和陳水扁總統時代，兩代的政商結構完全不同。同理可證，下一個時代不管是馬英九或謝長廷，甚至其他政治人物來領導台灣，政商結構又會有所改變。無庸置疑的，在總統提名結束後，我們可以看到政治的投機分子開始進場壓寶。

華人世界因為政治的鬥爭，而缺乏了人性關懷

華人世界因為政治的鬥爭、權力的分配，而造成整個華人世界缺乏了人性的善良、慈悲和關懷。人在這樣的氛圍中，不會完全的沒有感知，除非不去閱讀政治資訊，否則就會感覺到強大的斷裂感，強大的昨是今非、莫衷一是，沒有任何適當的道德價值可以灌穿在上層或政治結構，隨時都可以土崩瓦解，一夕之間成為賊寇。人們還有什麼價值可以追尋的呢？人們還有什麼價值可以教導給下一代去努力追尋。

這裡面只有贏的法則和贏的策略，只有贏才是道德，真的是這樣嗎？如果否定這一句話，那來看看辜寬敏在《自由時報》發表的「本土執政就是最高的道德」。意思是取得權力就是最高的道德，再解讀得更仔細一點就是我方取得權力就是最高的道德，當然這句話也同樣適用於國民黨，因為蔣孝嚴也說了：為了取得政權應該學習民進黨不擇手段，如果勝利就是最高道德，那麼所有的道德價值就可以被摧毀。

　　試想一下，如果把這個概念放在婚姻、教育、宗教中，是一個多麼可怕的局面。但這個局面顯然已經發生了，事實上教育在這個過程也幾乎快要土崩瓦解了，世人不知道該怎麼教導我們的孩子愛國？愛國應該愛哪一個國？至少我們現在很困難去教導我們孩子要愛我們的國旗，要愛我們國家，因為我們現在努力要把我們國家推上斷頭台，努力要把國家的國號設法把它消滅掉，努力要把國父設法推倒，不推倒也會因為老舊而自己從台上掉下來。

　　電視不小心轉到新聞台，一天同一時間裡面有十四個以上的政論節目播放著，立刻就看到勝利才是最高地價值的種種寫照，告訴我們該如何你爭我奪、槍林彈雨，試問：我們的世界會不斷裂嗎？

　　由於我們赤裸裸地表達權力的擁有才是最高的道德，那就造成整個社會道德上面沒有辦法恢復到傳統的倫理價值，過去所教的三綱五常，或者是各種道法自然，還是佛教理念，應無所住的整體性等等……這些價值都蕩然無存。一個人明明才告訴他的女朋友非常愛她，但是，人卻可以在很短的時間裡面就移情別戀去投向另外一個女子。又例如爸爸反對女兒出嫁，經常抱持著的理由是，上個月才聽說女兒說要一輩子守著爸爸不出嫁，怎麼這個月就要跟著另外一個討厭的男人跑了呢？這是爸爸最不能接受的事實。

人民心裡充滿崎嶇，潛在著各種不安全感

　　觀看者、閱聽人在面對這些昨是今非的論述時，充滿一種斷裂感。台灣所閱讀的政治文學、政治文化、政治符號、權

力結構是斷裂的,是不連續的。於是這塊島上的人寫不出連續的、安詳的、平和的論述。人民的心裡充滿崎嶇,潛在著各種強大的不安全感,淋漓盡致地表現在文化中,如一九八九年的電影《悲情城市》,以及二〇〇七年的《色·戒》,可以說是兩部重要的代表作,一個以台灣為座標,一個以上海為座標,在大時代裡面所有的小兒女都只不過是這些斷裂的產物罷了。

我們不禁會問一句?為這些領導人奔走的價值意義在哪裡?一旦昨是今非之後,這些所有在當時搖旗吶喊的人,該何去何從?最好的例子是「紅衫軍事件」,到了最後大部分的紅衫軍參與者,都不太願意再提起自己曾經參加紅衫軍的經驗,因為有一種不名譽的感受,再隔了一年,紅潮再起,紅衫軍被對待的眼光和前一年剛興起的時候差距何其之大。筆者在紅衫軍剛集結時,接受《飛碟晚餐》廣播節目的訪問,當時筆者回答說紅衫軍絕不會成功!但是如果往好的方向,它可以成為一種啟蒙運動,非常遺憾的是這種啟蒙運動的效果也不太大。唯一的啟蒙就是告訴世人,不管多少人抗議你,只要統治者堅持,可以不下台。或是另一種啟蒙,就是不要隨隨便便跟著別人搖旗吶喊,否則,就像傻瓜一樣。這次事件消耗了台灣參與政治的熱情,消耗了理性參政的熱情,於是從啟蒙、理性、反貪腐去參與政治的正當性就被削弱,以後再有一個人捐一百塊的呼籲,大家就會想到這不就類似兩顆子彈的騙局。

電視節目《全民大悶鍋》嘲笑紅衫軍,陳水扁的模仿者對施明德的模仿者說,「你施明德的頭腦還真好,因為我的支持率只剩下13%反對我的有87%,87%的人每個人捐一百塊給你,你看你能賺多少錢?所以你實在是很有商業頭腦。」電視節目從商業的角度去消費紅衫軍,最後竟然應驗,這是政治的後現

代。「天下圍攻」變成消費紅潮、包圍百貨公司。理性參政、理性思維的人會感覺到一種斷裂，置身於四分五裂的斷裂時代，幾乎任何一個政治人物所講的話，如果認真去相信它，都會覺得可能會精神分裂。因為人隨時會被出賣，因為政治人物只按照政治權力利益去執行它的意志，只依照權力的邏輯來進行，從來不按照道德的邏輯，或者按照是世間任何的恆久價值邏輯來進行。

於是政治人物不需要廉恥，或許能夠漂亮轉身的是越不要臉的人，在二十一世紀的台灣政治世界中，我們幾乎可以知道藍綠都有一定的共識，雖然像馬英九這麼單純的政治人並不多，但是馬英九一樣會為了權力而說不一致的話。政治的可怕生態就在於會把所有有道德感的人一起絞碎、扭曲，成為斷裂的狀態。

台灣有二十四小時播放的新聞，到了半夜十二點半副總統可能透過電視表示，自己的八字不好因特別費使用被起訴，執政黨的黨主席也遭到起訴。只要台灣人民出國超過兩個禮拜以上，資訊的繁雜就會接受不足，造成戲碼斷裂，要同時看七台的新聞，十四個開放CALL IN的節目，這使得台灣的政治訊息量密度不斷成長。也使人民的鬥局、競爭敏銳度大大提高，但格調不高，視野不高。

政治的治理方式，造成族群斷裂的傷口越大

台灣政治自由競爭，民主選舉，卻造成群族彼此傷害愈來愈重。藍綠兩方的惡鬥，已經重所皆知。再例如：每個地方都有派系，即使是最高層的領導候選人，也永遠要向派系領袖

低頭，地方派系就像分割領地的諸侯，撕裂整個台灣的權力網路，而且他們所經營的體系是無法計算的。

透過權力分析可以發現，歷史上只有中國共產黨才有效達到管理邊疆的實力，但是其內部權力主要都是斷裂狀態。台灣的地方派系對於中國來說，非常的不可思議。中國不會讓幫派形成，所有的權力都是依附在政治體制中，但中國的政治體制又不是一套完整的鞭，是間接性的斷裂，所以中國的權力結構是一種間接式的斷裂狀態，而台灣就像是藩鎮割據的斷裂狀態，這兩種狀態是不一樣的社會結構所形成，一個是列寧式政黨執政下所形成的，一個是儒家的地方派系所形成的。

愛國情結、英雄主義的斷裂追尋

整個華人社會的愛國教育有著特殊的斷裂感受，和前面提及政權遞嬗、國家意識的轉變有關。**在不斷紛亂的時代中，總是在等待聖人、等待真命天子、等待英雄。所以中國和台灣所有的社會變數都是在英雄主義。**但是這個英雄主義不代表出現的人一定是英雄，例如：陳水扁擔任台北市長時，曾經當過一陣子的英雄，又在某次活動中穿超人的衣服站在舞台上，星光萬丈，那時候台灣人以為他會帶領我們過紅海，結果卻到了黑海。馬英九的形象良好，也曾光芒萬丈，我們期盼他帶我們過紅海，但是他的未來的結果如何，沒有人敢保證。所以台灣人們只好寄望於台灣之光王建民，到底能連勝多少場？在棒球運動中，獲得一點點抒解。

但是英雄主義絕對會不斷地出現！如果我們這個民族夠幸運的話，能夠有真命天子出現了！如甘地般的聖豪出現了，也

許真能拯救這個時代，可是它的出現一定要超過甘地的十倍，才會等於甘地，所以出現率微乎其微，**不是華人中沒有人才，而是許多的限制擋在面前，因為華人自己訂定了病態式的標準，而這種病態標準者只存在於童話王國裡面。**

第三條路之政治斷裂的超越趨勢

前已提及台灣島的複雜性因素，大抵跟巴爾幹半島、以阿問題、兩伊問題的複雜性可相提並論。台灣複雜的國家意識狀態跟政治斷裂狀態，到底有沒有第三條路可以走，是大家都很關心的問題。

但是如果一直辯論「統」、「獨」兩端，就永遠沒有第三條路可走。因為統、獨之內充滿了矛盾。「中華民國」由孫中山等人於一九一二年所建立；「中華人民共和國」是一九四九年產生。中華民國自一九一二年到一九四九年之間，疆域領土包括整個目前的中華人民共和國，也在一九四五年對日戰爭勝利，收復了台、澎、金、馬。所以，台、澎、金、馬是隸屬於自一九一二年以來所建立的中華民國政權。

一九四九年以後，中華人民共和國建立了，另一個政權在原本中華民國的領土上面產生了變革，所以整個法統上作了改變。對於中華民國來說，中華人民共和國是叛亂政權，但是一九四九年才建立的中華人民共和國，宣稱中華民國原有的領土──台灣，是屬於一九四九年後建立的政權所有。但實際上，一九四九年所建立的政權和一九一二年所建立的中華民國領土是不一樣的。

今日，中華人民共和國聲稱台灣是屬於中國，那麼，請回

答筆者一個問題：一個一九四九年才誕生的國家，怎麼會有生出一九一二年就出生的嬰兒（中華民國）呢？這是最簡單的邏輯問題。

但是，來到台灣的蔣介石也始終不斷地宣布只有一個中國，甚至認為中華民國已經亡了，可是在法統上，台灣確實延續著所謂的「中華民國」，因而產生了自相矛盾。在這之中，充滿了各種主觀的意志想要併吞對方、擁有對方或是與對方切割。在法統及主權上，的確有很多可以見縫插針的地方，毫無疑問地，台灣是主權獨立的國家，但是卻不受到國際組織的承認，尷尬的繼續生存下去。

台灣四百年的歷史主權概念不斷地改變，國家立場也不斷地改變，使得人民在不斷地被統治、被殖民壓迫中，產生一種被迫害的意識。加上一九四九年大批的外省族群進到台灣來，形成更複雜的、新的公民空間，如果想要對這番局面有所超越，方法尤為困難。此外，要注意我們的時代將是一個出現超級立委主導政治道路的新趨勢；我們的時代是二十九位大立委就可以動搖中華民國憲法的時代大趨勢

1. 以城市作為軸心，非用國家單位和世界競爭

基於此，筆者提出應該以城市作為軸心，而非以國家作為軸心來和全世界競爭、作為思考。世界組織的變化趨勢中，未來國家可能變成虛級單位，因此華人們要認識到未來的競爭是以城市為主軸、以工業區為主軸的競爭方式。

超越政治斷裂的第三條路是認知現實，但是在不能解決的問題中，透過歷史和國際空間逐步地去論述，不要作為政治炒作的資本，不斷地消耗、使用，否則這只是在製造一種新的

宗教，稱為「獨立教派」。並且進行著宗教儀式，現在的政治活動有儀式、歌曲、活動、朝聖、神明、神主牌、有王位的爭奪。李登輝、陳水扁、游錫堃、呂秀蓮、謝長廷、蘇貞昌等人，就如同太平天國的天王、東王、西王、南王、北王在爭神主牌，各持不同論述，實際上都在爭宗教上的牌位。

這種獨立教派可從歷史、地理、種族的角度去加以建構。舉例來說：「趙少康現象」，趙少康在選舉的過程中，常因為他是外省族群而落選，不管是競選台北市長或是入主中國廣播公司時。這代表台灣還是一個不成熟的公民社會，總是有種族主義介入的生活區域。但是，如果仔細的從台灣的公民結構來看，其實這塊土地上擁有二十幾個民族同時在這塊島上生活著，只是族群大小不一。單是台灣高山族（原住民）就有十三族，還有蒙族、藏族。

各種論述在建構台灣的獨立性，實際上，又隱然地運用種族中心主義在建構著政治主體性，這種建構的手段和孫文當時在建構中華民國是一樣的，種族主義、人口決定了最後的勝負，大多數人對於清朝滿族的仇恨、壓迫感需要宣洩，所以多數人支持孫文所提的種族主義。因此，當時連反清復明的海外華僑力量也回來支持孫中山。加以孫中山的演說能力和對各種理論建構方式優異，雖然在建立民國之後，立即倡導五族共和，可是中華民國政權的建立是靠種族中心主義，這點是毫無疑問的，更明顯的說就是漢族中心主義。

今日的台灣無疑的是河洛語中心主義，以閩南人為多，但是建立客委會、原委會，拉攏客家人、原住民。當然，建立這種意識形態的人深信，把這樣的如同宗教努力透過各種電視、媒體去推廣，終究會從百分之七十多，甚至到百分之九十幾，

最後到達百分之百。但是這並無法解決兩岸的僵局，因為有十三億的人沒有辦法被你說服。

筆者認為在島內認知到台灣是主權獨立的國家，這件事是容易的，但是用這樣的方式解決兩岸的僵局，解決政治上的斷裂，是困難的。所以要超越政治上的斷裂，是在**認知自己主權獨立之後，就應該進行以城市、以工業區、以產業作為世界競爭的主要發展必須要展開。如此一來，那些政治上的斷裂才不會牽絆台灣，成為一種為宗教獻身的運動。**

2. 台灣必須揚棄宗教神壇似的政治儀式

台灣所有的政治斷裂都變成是一種新興宗教，我們為了這新興宗教要不斷地付出。這樣如神壇似的政治必須被揚棄，我們必須超越這種製造意識形態似的公民社會，這麼一來第三條路才會出現。應該平心靜氣的看城市競爭力，活得下去才有尊嚴，沒有活下去則一切即是以上皆非。建構尊嚴當然重要，但是我們除了過去，也要建構未來的尊嚴。

綠軍只講過去的尊嚴，而藍軍淨講現在或未來的尊嚴，兩者都會有所疏漏。因此，兼容並蓄的是應該要接受過去的尊嚴要被建構，可是不應該從國家意識形態上來入手，產生二元對立的尖銳辯論。二元對立的辯論就像是「一尺之棰，日取其半，萬世不竭」，永遠沒完沒了。過去的二十年中，綠軍非常有策略、有時間表地提出各種議題，這樣的議題不斷地主導著台灣的社會神經、政治神經，使得人們走向二元對立的道路。無疑地，過去的綠軍成功了，藍軍敗了，而藍軍也一直沒有醒來，逐步走到綠軍設定好要讓他們走的對立道路

所謂的第三條路，才是另一條路。不用期待第三勢力，

應該期待整個藍軍醒來去建構第三勢力的邏輯，這等同於在二元對立中加入一個新的角色。這在《莊子・齊物論》中提到，如果兩造辯論，來了個第三者，這不就是第三勢力嗎？第三者如果同意我，那就不必問對方對不對了，因為它不需要辯論，對方就已經不對了；第三者如果同意對方，那也不需要辯論，我就已經不對了。所以來多少個第三者都是沒有用的，因為這永遠進入「你與我」的辯論，永遠進入是與非的辯論。這就進入「此亦一是非，彼亦一是非」，永遠是「此與彼」的問題而已，永遠是「是與非」而已。

所以因是因非，因非因是，沒完沒了。或此或彼，或彼或此，沒完沒了，永遠是二元對立，所以第三勢力的出現並無意義，只要進入這種二元對立的結構，永遠不是贊成你，就是贊成我。現在的藍軍最大的問題是，同時在綠軍的策略又在中南海的策略夾縫中生存，幾乎快一命嗚呼了。藍軍走出二元對立的思考，不要迎著民進黨所設計的議題，不要進入這種宗教意識，要帶領民眾進入一種新啟蒙的道路，當然也不能進入中南海的策略。所以藍軍對於馬英九的不滿就在這，就是看不到他是帶領大家過紅海的摩西般聖哲表現。

人民們能感受到綠軍或中南海所提出政策的壓力，感覺二元對立上的困境，希望能夠脫出這種結構，甚至可以感覺得到政治斷裂夾殺的痛苦。凡是有理性需求的選民，都希望智者型的聖人、英雄出現，偏偏馬英九不是，馬英九是一個不折不扣的科技官僚，擅長於文官事務的處理，但卻不是一個大智、大仁、大勇型的超越者。這對他而言未免太苛責了。只是目前的藍軍局面、目前的台灣局面、目前的台海局面，的確需要這種大超越型的大智慧，才可能走出第三條路。

　　只有藍軍產生質變，轉向第三條路的走向，不迎著中南海或者是綠軍的議題，或者是中南海的意識形態、綠軍的意識形態。不隨著他們起舞，走出一條新啟蒙的道路，那個第三條路才會出現。否則，再多求好心切、關懷社會的呼籲出現也沒有用，來十個王文洋也沒用，曹興誠把報紙都登遍了也沒用，這些呼籲都沒有辦法真正的超越。

　　人們需要對台灣更加深度認識，國民黨大腦需要進入有理性的判斷，不能一直被兩邊議題帶著走，在舊有的成規裡面反覆繞，沒有辦法找到出路。這就像一隻鳥飛進一個狹小的屋子以後，不斷地想要按照牠原有的邏輯飛出去，開始亂竄，衝撞之中造成遍體鱗傷，為什麼不靜下來看看，找到出口飛出去。台灣知識分子的工作應該是什麼，是設法把窗戶打開，設法把鳥導引到打開的窗，讓牠從窗戶飛出去，否則這隻鳥會不斷地亂竄，然後擊牆而亡。斷裂的政治最後就會完全變成是綠軍與紅軍的勝利。

3. 選舉制度改變，台灣註定分裂，北藍南綠？

　　台灣立委選舉新制度的進行之後，整個立委生態惡化，註定北藍南綠的局面，且註定以濁水溪或大安溪為的分界，更註定立法院是家族勢力恆久的局面，如同英國的議員的相同局面，現行的制度比日本的制度出現更大的缺陷，立法委員的選票結果註定以六四比或七三比不平衡的狀態來開出，這將更有利於民粹主義和民主主義的運作，幾乎命定著台灣在政治上難以走向真正的理性化道路。

　　所以二〇〇八年起所選的總統，不管是藍軍或綠軍勝利，都只能號令四分之三個台灣。因為七十三個選區中，北邊的選

票幾乎是藍軍全拿，所以如果是藍軍的總統獲勝，北台灣將聽從藍軍的局面，而南邊在綠軍立委掌控下，使得只有一半的人民會聽從號令；反之若綠軍總統獲勝，則濁水溪以南會聽從總統號令，而北邊則在藍軍立委的控制下，只會有二分之一的選民結構被號令。這就命定著台灣政治分裂的局面，在派系政治和家族勢力上延燒下去。

派系政治和家族勢力的局面將使得立法院四分之三修法的門檻不可能到達，在如此藍綠對抗、夾殺下，第三勢力或是國、民兩黨以外的小黨，生存的機會微乎其微。即使有少數的小黨或第三勢力候選人當選立委，但是其在立法院的影響力，也都無法和二○○七年以前的高金素梅、李敖、陳文茜等人相提並論。即使選上也並定是邊陲化的命運，況且第三勢力所能獲得的席次，永遠不會超出十席，甚至都只是五席以下，即使零席也不令人驚訝。

這其實是因為林義雄先生和李遠哲先生兩人以道德、偉人形象共同用簡單的算術邏輯影響台灣政治的結果。他們沒有思考到台灣政府的地方所需要的合理席次，也沒有想到在選區的劃分下，派系政治和家族勢力交錯影響下，會變成什麼局面。直到二○○五年為止，整個媒體還是一面的倒向這種簡單的算術邏輯，所以台灣的政治局面是媒體和兩個具有道德形象的偉人共同犯了巨大且致命性的錯誤。同時民進黨也為了扮演改革形象，自誤誤人的把局面推到一個無法復返的困境，即使如林濁水這類的台獨理論大師出面呼籲，也不見成效，所以在此可預測台灣未來的國會局面就是派系政治和家族勢力，台灣人民就會形成北邊的綠色選民缺乏服務，南方的藍色選民缺乏服務，總統所面對的權力結構，是一個四分之三以下的不完整權

力結構，再也沒辦法出現李登輝式的統治局面，甚至也沒有兩千年到二〇〇三年陳水扁的權力結構。

台灣三十年內都會有如此不完整的政治生態局面，第三勢力沒有辦法在立委選舉中產生，已經是命定之局，總統的產生當然也不會由第三勢力來產生，除非台灣內部產生奇蹟式的公民運動，除非台灣內部產生全面式的知識分子聯盟、大覺醒式的社會運動，否則這個生態無從改變，即使佛教、道教、基督教等各派領袖出面呼籲，要求改革也不會有任何成效，台灣即便出現像摩西的英雄智者，也不可能度過紅海，命定著被圍攻光明頂的局面，除非有了奇蹟、有了奇才，一個擁有獨孤九劍、吸星大法、易筋經、降龍十八掌、九陽神功、九陰神功、打狗棒法集於一身，並且可以出入全真教派、丐幫、明教、五嶽劍派、段氏王國、蒙古國等集於一身的奇葩出現，否則未來的台灣領袖都會是左支右絀令人不滿意，這是因為舞台先天就已經決定了不完整，如此我們只能為台灣設想第三條路，而沒有辦法經營第三勢力。

所以，以七十三個選區而言，並且只有三十四席不分區立委的結構上來看，選區域立委已經如同選鄉鎮市長，除去北高兩市以及基隆、新竹、嘉義、台南等省轄市的地區以外，鄉鎮市長由於具有財政權、人事權、各種都市規劃權，所以其重要性並不亞於立委，只是其民意基礎大概是立委的三分之一，並且不具有全國性的知名度，然而對於二〇〇七年原來四百多位兩大陣營的立委候選人而言，沒有選上一百一十三席的分區或不分區立委，轉戰鄉鎮市長是最佳選擇，尤其是像板橋這般具有六十萬人的大縣級制，可控制兩席的立委提名，那全省在二十萬人以上的縣級式，包括三重、新店、新莊、永和、中和、

蘆洲、板橋、中壢、桃園、豐原、鳳山、永康，就顯得極為重要。

所以過去不起眼的鄉長，現在都會成為家族勢力和地方派系的兵家必爭之地。立委和鄉鎮市長交互轉戰的局面，在二○○七年起將正式成為台灣的政治趨勢。選上鄉鎮市長的人，若進一步地可以轉戰立委成功，也可以有效的將權力移轉給派系或家族的人士，所以如英國、德國、日本的政治局面，正式在台灣登上舞台，只是我們的政治黑洞會遠比這三個國家嚴重。

4. 第三勢力興起，要產官學、媒體界十年耕耘

第三勢力由於在二○○七年未能獲得整合，所以要形成任何有效的力量於立法院生態之中毫無機會。除非在未來能夠整合各小黨，以及具有良好公共形象的社會名流，以及商界人士，第三勢力才可能逐漸攻佔部分的席次，這一點，在總統大選上反而顯得更簡單一些，因為只要出現有良好公共形象的學界、商界人士結盟，乃至第三勢力的政治人物相互結盟，構成一組新的執政團隊和政見論述，再說服藍綠兩黨的地方政治勢力。那麼，在未來的二十年之中，什麼時候會出現非藍非綠的總統候選人仍是變數。尤其在現在小選區的選舉制度之中，所有當選的立委只需要做好該選區的服務，就可以使該家族、世家的人永恆當選，完全不需要聽令黨中央的任何號令，也就是藍綠兩黨的黨中央自二○○八年起將進入弱勢狀態。也因為如此的結構形成，鄉鎮市長的地位會遠高於縣市議員的地位，那全台呈現出三百多處的地方勢力之另一種小國寡民所切割的狀態，也正式來臨。二十一個縣市首長也將不得不向這些鄉鎮市

長低頭，如此北高兩市市長的舞台就將變得更為突出，而幾個省轄市的市長之地位也會相對的變得提高。

　　要形成第三勢力首先必須長期的進入社區營造的世界之中，結合產、學人士以及地方文史工作者，形成三百多個鄉鎮市的聯盟，也就是我們必須有一千個學者、專家、企業家具有良好的公民理想主義及啟蒙精神，長期的投入在各個鄉鎮以及立委選區的經營，這樣的經營至少在社區營造的經驗上，要有八年以上到十六年之間的深耕，與地方人士的情感培養，才有可能生成完整的第三勢力。換句話說，第三勢力的形成絕不僅僅只是依靠少數幾個企業家的贊助或呼喚，也不是依靠幾十個知名學者就足以形成，也就是說，這是一個必須長期投入，且要有專業參與的政治希望工程。

　　第三勢力不是沒有機會形成，而是產、官、學、媒體界都缺乏長期耕耘的決心，因此終究有一天華人為了挽救自己的居住之地，必定要起身捍衛自己的鄉土，將劣質的政客設法規訓、教化或圈治、圍堵，但是筆者作為一個趨勢學家和策略學家，必須提醒社會這一群有志之士——你們太懶惰了！也太不積極了！同時也太缺乏策略的智慧。你們太眷戀於自己享有的中產階級生活，企業家太眷戀明哲保身、逍遙太平，如王侯一般的世界公民生活。這兩群人都只不過在消費華人社會，對於社會的批判經常也只是一種「喝咖啡，聊是非」的行為罷了。

　　但是，我必須告訴大家「惡質化的趨勢」最終終究會逼迫你們這些知識階層、資產階層，要聯手起來捍衛自己的家園，否則你們就只能準備攜帶自己的財產、珠寶、債券和護照，前往歐美、日本去當二等公民而已。這也可能稱為是另一種可能發展的政治趨勢。

　　你們將選擇哪一種？沒有人知道。但是，我卻要告訴你們
「家園只會有一個」，機會也往往一去不復返，千萬不要進入
往事不堪回首的局面。這將如幽谷道路般一樣漫長。

第四章　華人世界的城市斷裂及其超越趨勢

每個城市的符號都隨時間、空間改變而變動

　　每個時代、城市都會有些記憶符號，舉例來說：二○○○年時，台灣五、六十歲的人對於舊街道的印象，可能有賣冰淇淋的、賣麵茶的、黑膠唱片、海報、雜貨店等，大家對於日本文化的了解較為深刻；可是十幾歲的年輕人，就不是這樣的記憶，他們印象中的街道可能都是高樓大廈，是美式的速食店、連鎖的便利商店，普遍接受的是美式文化，這是因為台灣的文化受到了許多國家的影響，並且曾有多國的政治殖民，而有如此的記憶斷裂。

　　另外，環境的巨大天災也會產生城市記憶的斷裂，颱風、森林大火、地震等。例如：一九九六年八月的「賀伯颱風」造成中橫公路斷裂、毀損。在過去，中橫的風景是台灣人最美麗城鄉的景象，但是往後的台灣人因為看不到，所以沒有這段記憶；又如：一九九九年，台灣經歷了九二一大地震，尤其整個南投縣在震後的樣貌和震前完全不同，震後重建的建築取代了原有的傳統建築。

　　現在有一部分居住在台灣的人，是在一九四九年以後才從

大陸搬遷到台灣，所以他們小時候的城市風景記憶，是地大物
博的中國大陸，但是到了一九四九年以後，從中年到老年，是
在四季如春、地小山高、景色精麗的台灣。三十年前台灣的學
生會閱讀《未央歌》，但是到了二十一世紀，讀《未央歌》的
年輕人大量減少，不管是成長的空間、接觸的學習、資訊等都
是斷裂的。

道德斷裂，人際關係也隨之斷裂

　　城市的道德也會斷裂，城市符號除了眼睛可見的之外，
還有移動的符號，就是依社區的共同道德來形成社區移動的景
象，就是當地人們記憶中的共同符號。例如：在七〇年代時，
即便是台北的敦化社區、民生社區，家長都能放心讓孩子在社
區巷道內玩捉迷藏，但是在二十一世紀的台北縣市已很難找到
一個這樣的社區。這當然是工業化和都市發展的結果，巷道充
滿了車子，治安也令人不安，於是人民即使住到相同的地方，
但是因為道德規範改變了，所以城市的記憶也開始改變。道德
開始疏離，人與人的關係開始冷漠化，彼此關係產生嚴重斷
裂，彼此充滿戒心。

　　城市道德最明顯的沖刷是性關係的混亂，男女關係無法輕
易界定，一個人可能有多重性關係。當眼前走過一對男女，他
們的關係可能是夫妻、情侶，或是過去曾經是夫妻，但也可能
有不能說出口的關係，種種的猜測都是可能的答案，即使兩人
看似親密也無法妄加斷語，這就影響了人與人之間的信賴關係。

　　另外更嚴重的城市道德影響是「毒品」、「色情行業」、
「黑道」之類危害善良風俗、法律的項目。在大城市內人們輕

易就能擁有毒品，在部分城市中幾乎很難找到一個社區完全沒
有色情侵入。令人詬病的是毒品、黑道、賭博、色情一連串的
介入，社區受到破壞、社區良家婦女受到騷擾，寧靜的城市關
係就因為這些混亂的性關係和毒品而嚴重受創。

　　不安全的社區巷道、環境縈繞現代人心裡，過去安全的社
區和現在不安全的社區記憶形成明顯的斷裂，無法有效產生連
結。年輕一代的人無法理解上一代的人，他們曾經穿梭街道玩
捉迷藏或拉橡皮筋、玩跳繩的情境，所以無法重建的記憶就呈
現斷裂。

斷裂的華人文化，使得華人仍像處於殖民狀態

　　華人的世界因為不斷地被殖民，被外來文化侵入，所以事
實上完全缺乏有效建構自我記憶，文化不停地斷裂，文化的根
是漂泊的，不斷地往其他國家尋找文化連結，沒有辦法建構自
己國家的公民意識，美其名是國際化，但其實卻是沒有主體意
識，記憶都是片段的。如果華人世界未經各地文史工作及社區
調查，來重塑自己的歷史記憶，那麼人們的生活就會仍像處於
殖民狀態一般。

　　華人城市世界的斷裂可以分成幾項來說：第一，是「看
不見城市」的斷裂；第二，是「幻想中城市」的斷裂；第三，
是「烏托邦城市」的斷裂；第四，「現實世界華人世界」的斷
裂；最後，討論怎樣才能建造理想的未來華人城市，而「未來
城市」是如何的斷裂情況。

1. 意識形態塑造出，可看見的「看不見城市」

　　看不見的城市是什麼？人們表面上是看得見的這棟建築，但是實際上卻並不了解這棟建築的意義，又或者這棟建築在現代已經不存在，但是這棟建築的影響力卻深化在現代社會中。舉例來說：我們現在並看不見秦朝時的長安城，也沒有真正在長安城生活過，但是這個城市的歷史與文化意義，仍然深化在人們心中。類似的城市如：洛陽城、阿房宮等等，非常多看不見的城市，但卻環繞著華人而存在。

　　再舉一個反面的例子來說，現在仍然看得見北京的紫禁城，但是現在的紫金城已經變為一個博物館，而非皇室宮殿或是政治權力中心，而且其對於中國大陸的人民與台灣人民的意義是不同的。對台灣人民來說，它是一座不存在的建築。

　　這些看不見的城市又為什麼是斷裂的呢？這是因為不同的歷史敘事而造成的城市斷裂，即使同樣時代、同樣主軸，但是得到的內容卻不一樣，因此就斷裂了。舉例來說：同樣都是台北或台南，但是在國民政府執政時與民進黨執政時，其敘事與城市文化就不同；面對日本，身在台灣的年輕人與老年人就有不同的情感與意義，對年輕人來說，那是購物與流行文化崇拜的天堂，對老年人來說，那卻是曾經統治過他們的國家，即使同一年紀的老年人，對於是否認同日本也可能有所分歧。由此可以看到，城市的敘事竟然也因為**政權交替、政權改變**，而不斷地改變面貌。

　　基於在不同的政權和時代生存下去的人，至少可以看到十種以上的敘事，包括看得到的和看不到的城市的歷史記憶。人們見不到開封城、洛陽城、長安城，可是卻覺得自己知道當

時的場景，就如同曾經親眼所見，但實際上是人們透過各種敘事、影像的建構，讓人們彷彿見到了這些城市的繁華與榮景。例如：《三國演義》、《漢武大帝》、《康熙帝國》、《乾隆王朝》、《雍正王朝》等電視劇，都試圖在建構歷史上的王朝，讓人們看不見的城市，真實呈現眼前。

　　這些其實都是導演、演員、編劇者在建構，並不能等於那個城市。包括李安透過電影《色・戒》建構三〇年代的上海，即使一再強調片中復原上海當時的實景，對於每一個道具、情結都力求符合歷史重現，但那仍僅是李安的電影和張愛玲的小說所交互所建構的「上海」，是不是真的能等同於真實「上海」，或許沒有人可以去下評斷，尤其對非三〇年代曾生活在上海的人來說，這是大家看不見的城市。這個看不見的城市由於有各種因素的切割，使得整個華人對於看不見城市的認知是斷裂的，同樣人們談及「上海城」時，不同時代成長的台灣人，或不同時代的中國大陸的華人對上海的認知是有所差距的。

　　上述就是看不見的城市斷裂的主要原因，來自於政治意識形態、歷史敘述和各種敘述者背後所支撐的背景所導致的。於是華人們對舊有城市的記憶，表面上看起來是一致的，但其實是分歧明晰的，是斷裂的，有非常多錯綜複雜的因素交互斷裂，所以即便是同一時代出生的人，在同一個位置，由於所接觸到的訊息來源不同，很可能組裝的記憶也是不一樣的。

　　舉一個簡單的例子，兩個同時生長在台灣的人，年紀相同，就讀同樣的國小、國中、高中、大學畢業，但是當他思考看不見的城市時，結果可能不同？尤其當一個人去過中國大陸，另一個人沒有去過時，那對城市的記憶就可能完全完全不同。又例如：一個人是唸建築系的，另一個是唸歷史系的，那

麼看法也完全不同，這就必然形成一種華人城市記憶的斷裂。

　　即便是鄰近的鄰居，相同年紀的世界裡他們彼此的記憶也是斷裂的，基於這種斷裂，也就經常產生彼此對於過去城市的認定，以及過去城市和現在城市歷史關係界定的爭執，比如我們所建構的看不見的城市是世界的基礎本來就是不一樣，所以其真正的基礎事實上是不存在的，因為彼此所接觸到的資訊有著天差地別的差距。

2. 透過戲劇、電影、小說，產生幻想中城市斷裂

　　華人城市實際上會有幻想性，這大部分是透過戲劇、電影及小說而造成的，因為小說家為了美化背景，所以產生非現實性的幻想，最明顯的例子是「昆明」；昆明被稱為春城，想像中應該非常美吧！但是如果實際到昆明當地，可能就會大失所望，它遠遠比不上杭州、蘇州，無法看不出它的特色。但是為什麼昆明給我們一個很美的感覺？因為對日抗戰的時候，昆明代表大後方，和重慶處於同樣重要的位置，所以人們到了重慶也會產生類似的感受，有很多美化的想像，加上風景優美，有兩條大江通過，都市沿山、沿江而建，在情感上讓人感到美妙，記憶美好，因此加強了幻想。

　　這樣的精神一直環繞在華人世界被傳頌著，類似這種幻想中的城市，其實是透過小說家、透過戲劇種種的演出。《暗戀桃花源》將昆明說得如夢似幻，似乎銜接出人間的香格里拉。事實上昆明的香格里拉和幻想有一段距離，幻想的華人世界常常和實際眼睛見到的華人城市有一個斷裂性，這個斷裂性就是現實和非現實之間的斷裂。

　　我們透過小說家和戲劇家對於特殊營造所建構的城市產

生幻想，今日上海的十里洋場和當時十里洋場是不是那樣的吻合？也許是依舊繁華，但如果親臨實境，就會發現當地有很多乞丐、垃圾，對黃浦江的感覺很難和香港的香江一樣美輪美奐。因為它周邊的環境是完全不同的。如果復原四十九年前的十里洋場，是不是就真的完美，那個時代就沒有乞丐、垃圾嗎？所以小說家、敘述者、藝術家們經常建構一個依賴幻想取信的世界，如張愛玲、鹿喬這些知名的小說家筆下所寫的一篇篇故事。

又例如海外人對於台北人的了解，常常因為白先勇的《臺北人》而建構出來，這時候會感覺到住在台北的台北人，都是上海或南京、桂林來的外省人，一天到晚聚在一起唱崑曲、唱遊園驚夢，本地人都不見了，也不見大稻埕的敘事。

大稻埕在民國三十四年就已經是非常的興盛，並且有跨入後現代的跡象，以三個重要的咖啡廳或者是茶坊作為主要的藝術交流場所，但這個敘述在白先勇的世界裡面消失不見，文中所見的是重慶南路一帶的明星咖啡屋，是一九四九年外省人登台後，重建的外省圈的台北。換句話說，透過白先勇三十四篇的小說世界，看不到真正的台北，那僅只是白先勇眼下的台北，但是外界並不知道。

什麼叫外界？對岸的華人看台北人時，如果沒有透過清楚地導覽，所看到的台北人就會是白先勇的台北人。白先勇在中國大陸是個紅翻天的大人物，其敘事就會變成很重要的媒體主流，高曝光率的敘事。但這個敘事卻不是客觀的台北，並不完整，因為有太多的台北敘事是不見的，這當然基於白先勇的特殊喜好等原因，所以很多重要的地方，他並沒有選擇作為書寫的重要、主要的敘事場域，例如貓空、烏來、陽明山、淡水

等，這就使得外界對於建構幻想中的台北城，和現實的城市有一個斷裂性。

3. 華人烏托邦城市的斷裂

烏托邦的城市有幾個重要的來源，莊子的〈逍遙遊〉、陶淵明的〈桃花源記〉等，建立的是一個出世間的居住場所，或者是一個神人所居住的地方。但莊子所說的故鄉，不是人可以隨便居住的，只能是修仙派或隱士、尋求永生出世的人寄托之地，並不真正屬於這裡所謂的烏托邦城市。而陶淵明是道家人，他透過文筆，在現實的世界裡創造一個可行性，不再用出世間的方式，來建構一般人達不到的地方，所以他創造了桃花源。

我們比較莊子和陶淵明，他們都有個共同的現象，兩個人都當了小官，可是都不願意向權貴屈服，所以家境貧窮，甚至要借米過生活，但是太太也都很配合，甘之如飴地跟著種田過活。但是莊子和非常多的修行者往來，所以有非常多出世間的描寫；陶淵明的世界則有很多權貴、文人、雅士往來，所面對的環境是魏晉玄學的環境，和莊子戰國戰亂的環境是不一樣的。

陶淵明必須要創造一個似乎現實上可能出現的環境，武陵附近的桃花源，桃花源不知道時代、不知道有戰亂、大家是平等的、沒有環境汙染的、世世代代可以快樂逍遙的，那個地方是幸福的、是沒有憂慮的，所以這個桃花源，當然也成為後來很多創作者的創作靈感，包括賴聲川的《暗戀桃花源》都實實在在的借用了陶淵明的桃花源，甚至用桃花源中的人物名字——劉子驥，作為其中的創作元素。

在陶淵明的桃花源之後，唐朝的詩人王維也為後人建造了一個烏托邦的城市。王維原是想要馳騁沙場，但是他協助叛變

的安祿山登基，所以當郭子儀收回兩京時，他變成了二城的首犯，被打入死牢，弟弟王縉將他保釋出來之後，王維就自己去建立了「輞川」。從此，輞川成為中國文人的一個理想之都，成為一個理想的典範。前述幾個烏托邦世界是一脈相承的，王維直接繼承陶淵明的桃花源，桃花源雖然有很具體的描述，但還是在文筆中的一個想象，而輞川是可真實見到。

「輞川」是所有失意政客聚會的場所，王維就是輞川的主人，到了輞川大家都想要抱怨當道，但是王維引導大家離開這個話題，用意是除了政治以外，大家可以談論別的話題，這個世界除了政治以外，還有更大的空間，還有更多東西可以欣賞。這就如同胡志強在妻子邵曉玲車禍受傷後，說了一句很重要的話：拒絕政治作為生命的全部。所以，王維進入死牢，又被釋放後，也拒絕政治再走入生命，所以我們後來看到的王維，是詩佛王維，或文人畫風之祖的王維，是輞川的王維。

這種建構就成為中國文人的重要嚮往，這一千多年來的重要文人的紀律建構，都以輞川作為施法，後代文人雅士都想在當代重構一個新的輞川。所以所謂的烏托邦式的城市，即使是宋代的蘇東坡也沒有建出來。蘇東坡的才華和悟性照理和王維差距不大，但因為蘇東坡面對了一個最大的挑戰，就是他貶官次數多達二十六次，但他也沒有勇氣離開官場，一直都還是在官場體系裡面，不斷地被貶來貶去，所以貶官過程中，只能從精神世界去建立幻想中的輞川，比如看〈赤壁賦〉，蘇氏從欣賞赤壁的過程去建立精神世界的輞川，或者是和禪師討論的過程去建構一種精神世界輞川。

如蘇東坡一個接受道家文化的人士中，我們可看到〈赤壁賦〉中也有莊子的思想，蘇東坡直承莊子、陶淵明、禪宗、道

家等各種精神匯集在文學中，可是並沒有實地建構如輞川的田園或城市。到今天，要建構輞川的機率更低了，除非我們去向文建會申請無息貸款的文化創意產業，並且有無比的堅定，不受外界權位、欲望影響，否則不太可能再出現「現代輞川」。

　　再舉例來說，唐代劉禹錫有著名的兩首桃花詩，這兩首詩是事隔十四年所作的。劉禹錫因參與政治運作失敗，而被貶官十一年後，再度回到京城，看到開滿桃花的桃花觀，就作首桃花詩：「紫陌紅塵拂面來，無人不道看花回，玄都觀裡桃千樹，盡是劉郎去後栽。」其意在諷刺錦衣玉食者、奉承當道者，並且指明他們全因理想主義者隕落才能夠有此地位。這首詩諷刺了當道者、被奉承者，皇帝看到詩後也十分憤怒，再將他貶官至更加邊遠地區十四年。當時劉禹錫的母親已經八十多歲，大家擔心劉禹錫這一去如何了得。其好友柳宗元當時一樣遭逢貶官的命運，決定和他交換地點，將較近的柳州讓給劉禹錫，自己到更遠處。滿朝文武都感佩這種「士為知己者死」的精神，自己身在困境中還去搭救情況更慘的劉禹錫，因而感動了當時聖上，就將劉改貶到距離較近的蓮州（現在的廣州）。

　　十四年後，劉禹錫又回到桃花觀，有感而發，作了第二首桃花詩，「百畝庭中半是苔，桃花淨盡菜花開，種桃道士歸何處，前度劉郎今又來。」他的骨氣讓他撐過了苦難，並且勇於再諫，這就說明了不死的理想主義精神、老兵精神。理想主義者所追尋的絕對不只是海市蜃樓，因為追尋過程中的確是具有存在意義。此意義不僅在於自己，也在於讀者、在於閱讀這篇章的每一個人，閱讀時能夠感同身受，並一掬同情之淚，甚至實現在自己生命中，使自己和歷史互相呼應。如此一來，這意義就被彰顯了，海市蜃樓也就化為真實。

　　華人對桃花總是嚮往不已，桃花島始終是中國人想像中的美滿世界，就如同日本人的櫻花。並且透過非現實性去建構現實，比如假的昆明、重慶，就必須透過更虛幻的現實，像陶淵明的桃花源，或者像王維的輞川。金庸小說中，黃藥師建立的「桃花島」，也是改編自輞川和桃花源的另外一個基地，這個桃花一面象徵著避邪，一面象徵著理想。金庸透過「射鵰三部曲」，營造實實在在所在的桃花島，表面上覺得《大漠英雄傳》、《神鵰俠侶》以及《倚天屠龍記》，當中主角似乎應該是郭靖、黃蓉、楊過、小龍女、張無忌、周芷若幾個人物，可是仔細觀看金庸小說，可以發現金庸小說裡的女人若不是原本就是老的，不然就是不會老，例如小龍女；或者本來就是醜的，不然就是不會變醜。唯一一個例外是——黃蓉，從年輕描述至中年、老年。

　　桃花島的黃藥師代表是一個癡情的，是想要實驗死而復生的，是一個能夠立足中原但又逍遙於世外的，可是一定程度的憤世嫉俗，他也貫穿老中青三代，在《射鵰英雄傳》中是一個父親，但是《神鵰俠侶》時，還可以和跟他年紀相差甚遠的楊過並肩逍遙於江湖。金庸小說的桃花島和黃藥師幾乎將中國的方術和想像集於大成，大家對於桃花島有一定的喜好，但是金庸較具有現實性，桃花島並不是完全發生好的事情，例如黃藥師的太太就是默背出《九陰真經》而死，黃藥師這個理想城市、幻想城市裡，雖然繼承過去，可是也面對了現實，金庸總希望透過他的小說來批判華人世界，在此，透過金庸，華人世界又透顯出了另外一種斷裂。

4. 現實世界華人世界的斷裂

　　烏托邦的鎖鏈一直到現在沒有斷裂過，金庸因敵不過全球化而被好萊塢取代，但是**烏托邦所建立的城市一定會破滅、一定會夢醒，它只能暫時取代我們的需要，於是我們必須要走到「現實的城市」**。中國大陸有三百四十三個現實的城市，台灣大小城市大概是六十個，也就是說在華人城市裡面大約是有四百個城市，再細分城市，可以分成四級：超級城市、一級、二級、三級城市。

　　在整個華人世界裡面，各個地方的市長都希望成為所謂的一級城市或超級城市。現在全球符合國際城市的加起來大概是一百個左右，恰巧上海就是第一百名，也是中國大陸唯一進入國際城市百名排行的一個，其他的華人城市分別進入的是香港、台北、新加坡。

　　在現實的城市建構裡面，我們就看到兩層明顯的斷裂。一個是中國大陸七十九年以後努力所建構的，市場經濟之下全球化式的城市，另外一個是台灣從日據時代以來延續這種混合式的城市在現實生活中是斷裂的，香港殖民地明顯的經營一直到九七年的城市發展更是，如果再加上澳門是葡萄牙所建構的殖民地城市，我們就看到四大類型的城市。可是中國大陸內部也有非常多的租借地被保留著，或者因為當時租地而遺留下來的城市，包括哈爾濱、天津、青島、上海等，我們可以看到這些遺留，在現實的中國、台灣、香港、澳門、新加坡五個地方，其實整個城市的發展和類型並不可以只用一種思考觀點，甚至是視同一個國家，如中國大陸三百四十三個城市也不可以只用一種思考典範去架構其全部的城市，這也就形成我們所謂現實

的華人城市的世界的斷裂形態，換句話說，在研究四百多個華人城市的世界時，是沒有辦法用單一的理論，或者單一的歷史情結去了解我們現有的華人城市。

先進國家早開始重塑城市記憶，回味舊時代

先進國家早就積極的重塑城市過去榮景、樣貌，但華人世界沒有。因華人積極的讓自己更像市場或資本主義化、全球化的樣貌，所謂先進似乎跟國際和市場流行畫上等號，這是我們隱然的價值觀，嚴重切斷我們的歷史、記憶，並努力摧毀中，並且因我們的價值觀，使我們不願意參與去重建或維護歷史記憶，乃至不認為那是重要的。

作家代表一個地區的文化心靈，凡家族裡有個作家且其作品是被肯定的，家人都應以此為榮，但事實並非如此。以具有台灣作家代表性的鹽分地帶為例，北門七子到現在為止，作品全集被整理出來的只有兩位，第三位正在整理中，而且是外孫成為教授後，才出手整理的。其他四位幾乎很難找到家屬願意整理，原因是家族不認為這件事是重要的，也不認為有什麼了不起。

據筆者估計日據時代就有八十位，其中能被整理的不到二十位，由此看到台灣對文化遺產的保護是非常冷漠，對歷史記憶更不用多說，我們追求的是流行、舶來品、侵入的文化，所以我們目前還是屬於被殖民的狀態，台灣、大陸、香港皆然，所以我們的斷裂是因被殖民，而且沒有驚醒。

人們總希望把城市變得更好，所以人們有所謂的社區總體營造的概念，但是世人發現人們在營造、建構城市的過程裡，

即便像台北這樣巨大、公共輿論空間是開放的國際城市，都有各種錯綜複雜的勢力介入其中。或者是重要古蹟的發展，都有可能在眾目睽睽之下陷於兩難，或者是被活生生的拆遷，包括不需要拆遷的。如嘉義市的舊鎮，就是在所有的建築古蹟學者、市政府的努力之下還是被拆了，因為敵不過議會的力量。這就是**我們在面對未來的城市裡，應該必須去了解的另一個元素——「權力」，權力的擁有的網絡，如果沒辦法了解就沒有辦法有效的為未來的城市作適當的結構，了解權力不代表可以消滅權力的掌握**，但是了解權力至少可以了解會產生什麼樣的力量，使得我們可能在考慮的時候比較周延，考慮不周延的最明顯案例是「樂生療養院事件」；樂生一開始的運作，如果把這些所有的權力機制全部考慮進去，也不至於走到今天這步。大家進退兩難、水火不容，似乎完全找不出調解之道。

　　所以在發展未來的城市裡面，首先了解權力的擁有，是非常關鍵的。在台灣擁有權力的，第一個是所謂的「**地盤擁有者**」，狹義的地盤定義就是黑道的地盤，黑社會的擁有在台灣二十一個縣市都佔有比例和利潤，以嘉義為例，嘉義的公共工程利潤即是出名的優渥，公共工程的利潤不錯代表著公共工程的施工品質不好，宜蘭之所以建設的品質好，是因為宜蘭是出名的公共工程低的地區，同樣的一百塊錢，可以花更多的錢在實際的公共工程上面，品質就會好。每個地區都有地盤實際擁有者，並且和公共工程款之間有著一種習慣屬性的交互關係，這是第一個可以找到的權力擁有者，不管他們是以黑道或白道的身分出現，都是擁有權力者。

　　第二個是所謂的**地方派系的領袖**。全台的地方派系，在二十一個鄉鎮裡面可以找出六十至一百位有力人士不等。最明顯

的是過去眾人所周知的高雄三大家族，雖然如今已經有兩個消失了，然而地方派系永遠都會有新的領袖接踵而來。就好像現在的嘉義縣有黃派和林派，兩派最早的領袖的名字大家都已經忘了，但現在派系中的人物仍很清楚自己是屬於黃派或林派，路上的便利商店是哪一派開的大家也很清楚，互相彼此不會倒對方的堂口去消費。這種地方派系的領袖，也是權力的擁有者之一。

再舉例來說，宜蘭市有許多是路是不規則的，路要開成直線是很困難的，常要拐來拐去，才能符合各地方派系的需求。所以小小的宜蘭市有一百零六條路，幾乎找不到哪一條是直的路，甚至有五岔路出現；因為可能某個地方派系的領袖家正在兩個交叉路口中間，經派系領袖要求，希望家在路口旁邊，所以多開了一條路，即成了「五岔路」。這種情況絕對不僅在宜蘭會發生，在台灣幾乎每個縣市都有地方派系運作。而超級城市或一級城市因為眾目睽睽，不好運作，這種情況才比較少見。

若在台北市或高雄市的議會想要自肥或綁標等，都會被攤在陽光之下，最後該派系就會有非常不好的收場，因為抵不過全民的力量。可是只要一離開焦點城市，派系仍然可以有很大的空間來運作。換句話說，台灣有百分之八十的區域還是地方派系可以入手的，所以這是第二大類型的權力擁有者。

第三大類型是**政治派系的領袖**，因為緬懷台灣政治領袖的貢獻，因此台灣有了「登輝大道」。又換了一位總統，台南的官田快速道路很快地被建造起來，可想而知，台灣新道路建造會和下一位總統和政治領袖有關。中國大陸也是一樣的，每一位上任的人都要修一條和自己有關的交通幹道。所以政治領袖經常也是權力的擁有者，而可以估算出全台灣具一定影響力的

政治領袖不會超過三百位。

　　第四項是有**專利專賣權者**，也會有強大的影響力，可以透過專利專賣影響每個公共工程、城市的發展。

　　第五項是**企業擁有者**，他可以一下子捐出一百五十億改變地景地貌，大家會基於巨大的財富而向他靠攏。

　　第六是**媒體與輿論的領袖**，現在台灣大概有六十個左右的媒體人，包括媒體擁有者，可以左右媒體的發展也可以抽換媒體的報導。

　　第七是**致命的學術或是專利的發明者**，包括學者。

第三條路之城市斷裂的超越趨勢

　　未來城市文明的發展，由於農業用地的稀少，加以科學的研發下已經出現以太陽能大樓作為垂直農地的設計，只需要有一百五十棟的垂直農地大樓，就可以解決台灣的農業需求問題，如此的大樓既沒有汙染也不會受到災害的影響，並且在用水方面極為儉省。雖然目前如此的大樓的造價還需六十五億美元，但是這已經成為前三十名的經濟體與已開發國家必然發展的趨勢，而這將形成城市與農村斷裂修補的一種新高科技趨勢。

　　在此趨勢之下，農業和蔬果不再會短缺，城市文明作為主軸的發展更為確立，即使大眾運用最簡單的交通工具，只在單一城市中活動，也能確保食物不虞匱乏，加上太陽能房屋以及垂直綠建築、垂直的綠色生態圍牆的建造，都可以使得一座醜陋的城市具有美感，如此一來，人民只要有太陽能來提供住屋的用電，加上綠色生態圍牆，以及蔬菜果物垂直生態大樓的

建構，人們再加上水的循環回收管理，和有效的垃圾處理的情況之下，就可以完成以都市為核心的生活環境。透過電腦網路的交互溝通，以及腳踏車和大眾運輸工具的使用，能源的耗損就能急遽下降，屆時取代性的能源出現，就可以作為長途的旅行、飛行之用，垂直的生態大樓同時可以生產氧氣，來改善地球的空氣品質，改善全球暖化現象，這可謂城市斷裂修補的第三條道路。

我們的城市之所以斷裂和我們的歷史記憶斷裂、我們的文化斷裂和被殖民有很大的關係。大概整個國際化、全球化以及後後現代主義的興盛之下，我們城市的建設開始有了新統合的趨勢。所以新的趨勢其實是一個放眼在全球化、後後現代化，同時是建構一個新文明的發展趨勢上所著眼的。譬如說，有大上海計畫、大北京計畫，那麼當然未來無疑地我們會有大台北計畫，以及大台中計畫、大台南計畫、大高雄計畫，幾個大的生活圈會被建構起來。那麼大上海計畫大到甚至包括杭州、紹興，全部都連結進去。其實上海再加上一直到南京、蘇州、杭州、紹興這樣的地方，幾乎已經是一個台灣大了，人口上更遠遠已經超過台灣了。

北京的學者預測，二〇一五年大陸將會追平台灣的國內生產毛額（GDP）。但是筆者的看法較為保守，認為是在二〇三〇年左右可以追平，但是用佔地廣大的國家和島國的比較，意義是不大的。不過這樣的比較也透露了一個重點，就是以城市為發展主軸的時代正式到來了。不管是北京、天津、青島、上海、廣州、深圳都一樣，皆以城市為主軸，整個北京的核心六環以內，其大小大致可以比擬台北縣、市的規模。

1. 台灣形成五大城市的宏觀戰略規劃

台灣若能完成城市整合，屆時就不是二十一個縣市的作戰，而可以是五個大城市的宏觀視野，而且五個城市戰略各有特色及發展，並且可以面向全球。在台北為標準的大都會趨勢，台中則綜合都會與生活區，在雲嘉南雖有南科，但仍以生活區為主，高雄則本來就有很好的重工業發展，再加上中央山脈及花蓮，這五個生活區都會有各自的主軸發展，並且都有良好的就業機會，只是我們需要使其更活絡。因為經濟不景氣，在中南部的就業機會還需要大力的提振。這都是政府還沒有辦法有效進入全方位規劃的原因，所以台灣目前各城市仍有動能不足的現象。但是我們看到台灣走向五個大區域的趨勢，分別有五個不同競爭力的態勢，是絕絕對對在台灣隱然成形了。**台灣必須重新在城市的規劃上，並且規劃這五個區域，作為新競爭力的藍圖。**

2. 新大台北都會區趨勢

我們真的去發展一個大台北計畫，難道真的會沒有競爭力嗎？別忘了台北市曾經名列亞洲第二大城市，僅次於日本東京，原因是他的結構非常的好，有山有水，城市中就有一千七百公尺的高山、有好幾處的溫泉。加以雪山隧道打通，有宜蘭這樣廣大的腹地，也可說是擁有了冷泉。所以未來的大台北計畫，很可能包含著宜蘭跟基隆，甚至包含部分的桃園，乃至新竹。這範圍內所包含的山嶽就更多了，有拉拉山、太平山、棲蘭山等，都是很重要的風景區，有非常多的林產，甚至是一定程度的礦產。

　　以城市作為主軸，發展全球化的時候，各個城市之間差異的特徵，變成是一個異然，所以香港以國際名牌、以金融為重鎮；澳門以賭場為名，甚至已經達到超越拉斯維加斯的地步，其大型的觀光飯店，情色文化、賭博文化，作為城市發展的主要特色。那麼台北未來應該以其創意及亞太金融中心，作為主要的思考發展重點，以此為特色。

　　另外，**台北也是少數集政治、經濟、文化、媒體為一爐的重要城市**，同時有自由主義、有明確的開放、有言論的開放、有亞洲最大圖書城也在台北。新東區有大規模的商場，其氣派之程度完全不遜於十里洋場，或是北京的王府井大街、長安大街，如此看來，台北仍十分具有競爭力。只是目前社會和政治許多的負面現象能否早日獲得解決，使得城市的動力能早日動起來，這才是我們所關切的問題。因此我們現在所見到的斷裂可以轉成差異化，並在全球化裡使其變成競爭的特色。

　　目前台灣最具有與中國沿海都市相互競爭的優勢在哪呢？主要在台灣的「創意」及「高科技」。我們的高科技技術還是領先大陸二到三年，還有一點是台灣有較為整齊的公民素養跟整齊的文化的訓練。同時對於人性的信心度，也比中國大陸要高得多。中國大陸以很強烈的叢林法則在競爭，以勝利為主要的目標。

　　在台灣還是較為講究道德與倫理，我們知道在整個資本主義體系裡面，講究信用、講究職場倫理，是推進整個商業進程的關鍵所在，對於缺乏信用，常常反而是妨礙商業發展的一個絆腳石。所以台灣必須要有效的發展她在人才上和軟體上的角色，所以必須要有良好的移民計畫和吸納人才的計畫，而以都市為中心。人們可以看到符合這樣的規模的，以宜蘭作為一個

很重要的居住地,對外國人來說,宜蘭是十分優雅的。

若是要在台北市工作,在未來如果連輕軌也建成了,加上有雪山隧道的通車,其實對外國人來說開車五十公里去上班,或是搭乘輕軌進城,都是很常見的事情。我們以東京都來看,一個半小時以內可以到達的距離,對東京人來說都是很正常的交通環節。問題在於,整個交通動線是否很順暢,所以我們未來可以期待一個有大台北的台灣,那整個城市的斷裂就有了很大的改觀,亦即多元差異化的城市使我們的大台北都會區變得豐富了起來,這裡面我們看到了宜蘭、基隆、台北縣、台北市,或者是桃園,一直到新竹,包括竹科,這些形成一個真正大型的大台北都會區。內含國際機場、工業園區,包括好的休憩場所,有冷泉、有溫泉,包括好的山陵山岳、好的度假場所,這些都讓台北形成具有高度競爭力的都市。

以城市為競爭發展、以城市為榮,請大家毫不猶豫地忘記種族主義。因為此時的台北市是面向全世界的競爭,其吸收的人才是來自於全世界。很簡單的,在香港推行種族主義是不會有市場的,在香港所有人才是來自於四面八方,大家運用的語言就是國際語言。我們現在應該做得是,努力讓北京話或是我們所謂的國語、普通話,變成是國際語言。亦即要努力推廣雙國際語言,使得我們的競爭力增強。

我們的確在電腦文字的使用上有優勢。所以,接受雙國際語言,是一個可以考慮的正確競爭,在這個地方實在不宜礙於種族主義,而不斷地要用河洛語、客家語或是原住民語來作為主要主體性突出的需求。可是,我們也不能壓抑河洛語、客家語或是原住民語的發展,因為每個民族都有發展上的需要。可是從國際競爭的角度來說,讓中文和英文可以並駕齊驅,是一

個可行之道，使得我們在競爭力上可以有所加強，這的確也是全世界把中文或是華文作為顯學在學習的重要標的之所在。

3. 新大台中都會生活區趨勢

　　另一個重要的生活區，就是大台中。大台中包括台中市、台中縣，以及彰化、南投及苗栗。大台中也一樣擁有非常好的腹地，像過去有名的風景區，許多都位於南投，包括清境農場、附近的武陵農場、蕙蓀農場、溪頭、杉林溪、遠近馳名的日月潭，還有蛇窯、紙場等人文風情的特色。但是台中地區就有許多值得去參觀的地方，而且台中市又是個十足後現代的都市，在其精明街商圈、美術館區、科博館區等，都是十分醉人、有特色的地區。

　　台中這樣的都會型態其競爭優勢，相對來說是人口沒那麼多，不擁擠；房價相對便宜，腹地又非常的廣闊，連結苗栗、台中縣市、南投、彰化所形成的規模，並不亞於大台北都會區的規模，這就是第二個台灣重要的生活區。

4. 新雲嘉南生活區趨勢

　　第三個生活區應該就是雲嘉南生活區了，雲嘉南生活區以嘉義市和台南市為雙核心，這個生活區所應該保存的是一個京都型態的生活區。台南作為一個古都，嘉義也是個古都，這是台灣除了台北以外，唯一曾為首府的都市。這兩個城市並不以發展成為像曼哈頓型態的都市，所以在此由於歷史所形成的斷裂恰足以成為他的多元化。同樣地，我們知道京都是沒有機場的，我們當然不需要要求嘉義和台南有國際機場，但是他們都有簡便的機場，其實已經足夠了，再加上有高鐵的大動脈，這

些已完全足夠。不過在雲嘉南地區，需要再有更好的輕軌，或是大眾運輸工具來協助，這絕對是必要的。

　　整個雲嘉南的生活區大致上可以達到三百五十萬人到四百萬人左右，甚至更高一點的話可以到五百萬。那麼它當然可以形成另一個有特色的、具有本土文化、兼容歷史遺址、有許多的地方文化創意產業的生活區。我們看古坑的咖啡文化、關仔嶺的泥漿溫泉文化、白河的蓮花產業、台南市一千七百多間廟宇的宗教信仰文化，更有多處重要的一級古蹟。所以當作為一種深度旅遊時，作為一種文化自信之旅的時候，他其實有長足發展的空間。同時在這樣的一個空間中，人民所可以分配到的土地資源，遠遠大於台北都會區，甚至都大於宜蘭一地所分配到的土地資源，而消費標準也要低得多。

　　進到雲嘉南生活區，人民整個的生活步調可以作全新的改變，可以是個全新的思維，進到一個屬於本土之地，可以進行長足的深度之旅的地方。同時別忘了，還有遠近馳名的阿里山，作為其豐富林相的深度旅遊之地。阿里山山脈及玉山山脈都在這附近，我們可以從這樣山嶽的資源跟地方的文化創意產業，及原有的歷史古蹟資源，去形成一個大京都計畫。大雲嘉的大京都計畫。這個大京都計畫本來就被嘉義和台南所共同提出，不過單獨一個嘉義市或是單獨一個台南市要去形構，其難度當然沒有辦法和一個京都奈良相提並論。可是台灣真的不能做到嗎？原因是有太多的資源被分散了。

5. 新高屏台東都會觀光地區趨勢

　　第四個生活圈就是高屏地區，並且連到台東地區，其實可以產生一個相命關係。台東也一樣擁有機場、擁有鐵路，其人

口非常稀少，有非常好的海岸資源跟山林資源。同樣地在高雄市，雖然現在高雄港是世界第八大港，所以高雄有一個明確的海洋文化，一直到屏東墾丁，再加上台東被列為亞州最值得旅遊的地區。所以這第四個生活區如果被建構起來，有另外一個藍色公路、綠島、蘭嶼的特殊風光的旅遊觀賞。

6. 新花蓮及中央山脈生態區趨勢

最後，我們只剩下花蓮，如果把花蓮的中央山脈看作是特殊的國家公園生態資產，整個台灣就可以有五個生活區，來作為不同的城市競爭的立足點。這時所謂的斷裂就變成是差異化，就變成是以五個生活區作為不同的發展來面向全世界。

第五章　華人世界的社會結構斷裂及其超越趨勢

　　台灣由於受到日本文化的影響，到處充滿著隱性的階級制度，隱藏在我們社會每一個角落的階級制度。這種階級制度告訴我們，在哪一個環境裡面該說話或不該說話，或權力大或小，不管在公司行號、會議中、在飯桌上、在家裡面、在房間裡面、在任何角落裡面都隱藏著這種階級制度。

隱性階級制度，決定人固有的生活場域及命運

　　在社會結構中，人和人之間總存在著階級關係。舉例來說，通常一個家庭中誰具有事務的決斷權，就是這個家庭的當家者，其地位最高，因此自然形成了階級關係。這都是潛藏的「隱性階級制度」。即使一個人在社會中極有地位、有財富，但是在家庭聚會中，仍會尊重長者，服從巨大的倫理關係所形成的階級制度。或者在一個聚會場合中，談話者在應對之中，會自然的感受到自己在團體中的地位，有的人具有領導權力，有的人則地位較卑下，這也可從其發言內容、稱謂中觀察得知。又即便是開悟成佛、證得涅槃的僧侶，一旦進入社會體制中，也就必須遵行「隱性階級制度」。而這些隱性的階級制度也就決定了一個人固有的生活場域及其命運。

　　在台灣社會的階級關係受到日本文化、美國文化，中華的儒、釋、道三家文化的綜合影響，使得階級制度非常的錯綜複雜。雖然其絕對性的存在主要是依據日本文化和儒家文化，但是其他文化的交錯仍處處可見。

　　中國大陸的階級制度則來自於「官本位」的文化，其延續了中國的封建體制，即使轉化進入「以黨領政」的現代，仍然到處存在著各種支部書記和官位文化。所以，大陸的教授、醫生、律師等職業，並不像台灣如此崇高（因為受日本文化影響），這些職業只是科層體制中的一層，就像一般科員或是專業技術人員如此而已。所以，中國的知名教授其力量與影響力遠不如台灣或是香港。由此可見如台灣這般的開放民主社會，與中國大陸經過了五十多年的斷裂，即可造成甚大的社會結構差異。

　　澳門隱性階級制度也較不明顯，因為澳門有非常多黑幫的力量。而在香港，隱性階級制度並不存在，因為香港在英領時期，澈底施行自由與民主和法治發展，所以香港非常具有英國議會的政治精神，追求公開、平等、效率。但是香港有一個嚴重的社會階層制度，是來自於社會資本主義和經濟所造成的，有著嚴重的貧富懸殊、居住場域的差異，窮人可以窮到只有一個非常狹窄的床位，連起身都沒辦法挺直腰桿。

　　另外，從上述可知，社會結構的斷裂在華人世界就像是一種命定的必然，所有華人生活在這世界，除非已經到國外生長，完全使用外國的語言來生活、思考，否則只要尚具有華人意識，就和斷裂的命運無法完全脫離關係。換句話說，全世界十五億華人都共同受斷裂社會命運主宰，它形成華人們的集體潛意識。

華人社會總有一台鋤草機，暴力鋤平每一根草

正因為華人們追求連續，所以我們感到斷裂。正因為我們追求統一，所以我們感到差異。如果我們不強調連續，斷裂也就不成為斷裂了，如果我們不強調統一，所有的差異也是一件正常的事情。華人社會裡面是有強制的拿著鋤草機，把每一根草都鋤平，也常要暴力的進行，包括血腥鎮壓。舉例來說，家庭會議時，家中的家長拍桌說：我說了算，其他人少說話；又如一個學校校長或企業董事長不用管其他人的意見，只要拍桌說：「我說的就是對」，那麼這件事就定了案。

這是專制主義，並不進行合議制，不進行理性的討論，可以完全按照非理性的意識去執行。當然，這是華人的儒家沙文主義跟威權理智所遺留下來的餘毒。那麼隱性的階級制度就隱藏在威權主義跟沙文主義之下，不斷地在各個角落裡面隱藏或進行各種鬥爭和交互競爭。

女人的地位被打壓，至今仍有餘毒

隱性的階級制度造成每一個人的生活環境與處事原則，由於這個原因，我們可以發現許多媳婦不喜歡和公婆同住。公公婆婆是上位者，任何情況之下都必須尊重公公婆婆，這讓婦女在家裡面如同傭人一般，或如同婢女一般。所以家裡只要有公公婆婆在，她就只能實踐僕人的道德。這也使得兒子沒辦法秉公處理家庭紛爭，所以兒子在這僕人的道德裡面也發揮「次主人文化」。當多年後，媳婦熬成婆，或者是產生一定的革命，

如：遷出、分家等。這時，斷裂就出現了。

　　女性裹小腳的解構，事實上是在五四運動後才正式來臨。台灣一直到六〇年代還可以看到老太太纏小腳，直到五四運動距今已經將近百年，二十一世紀才已經看不到老太太纏小腳，而除了女性的命運，男性也被命定在特有的結構中受到壓迫。當女性的腳被纏住了以後，勞動力跟活動力都受到局限，於是男人就要承擔更大的力量，就要面對不同的世界。這就形成了華人的命運特殊的扭曲結構在進行著。這個扭曲結構雖然在五四運動以後解放了，但是有非常多的觀念並沒有完全的解放，特別是仍以儒家為主體的華人，這點在台灣被充分的繼承。

　　在中國大陸，因為有新的文化制度，如：列寧式的政黨和馬克思的共產主義，所形成的由中國共產黨領導的一黨專制。這種文化又和古代儒家的專制主義結合在一起，使得它們有新的運用。這種新的運用對於台灣人來講完全是陌生的。譬如，台灣人根本不知道什麼叫雙規、雙開。在共產黨的黨規中，「雙規」是指規定時間、規定地點，交代行蹤、交代行程；「雙開」就是指開除黨籍、開除工作，被雙開的人，在社會中就會變成邊緣人。由於「雙規」、「雙開」這種規定對台灣人來說幾乎是完全陌生、一無所知的，但對於大陸人來說則有血淋淋的切身感，他們彼此之間又形成一種斷裂感。

全世界唯一男女平等的地方或許是中國

　　中國大陸經過共產黨的努力，所以他們女人的地位非常不一樣。有一句話說，全世界唯一男女平等的地方或許不是美國而是中國大陸，中國的女人也頭頂半邊天，這句話真正的意

思，是要運用女人後面的勞動力。共產黨充分給予女人勞動力百分之百的發揮，所以只好給她百分之百的平等，或者盡可能的平等。所以文革期間，甚至連女生廁所和男廁一樣也沒有門，這是我們幾乎不能想像的。到今天為止，中國大陸內陸地區甚至仍有這種現象。二〇〇五年筆者到安徽大學去洽談合作交流事宜，校內文學院的男女廁所就都是沒有門的。

共產黨的改革男士、女士都一律稱同志，大家都為了國家而努力，所以女男一致，所以也就導致男女對於身體空間的看待截然不同。所以這是與傳統最大的顛覆和斷裂。以前男女授受不親，現在對於身體上的器官，它就被視為一個器官，從唯物史的角度去看待它。所以廁所沒有門對他們和她們來講一點也不奇怪，因為大家都需要去上廁所，你也有我也有，不需要為身體設計私密空間。

這一點西方國家反而不一樣，西方國家給予女性很多的私密空間，他們認為是對女性的尊重。這一點又讓台灣的華人社會和中國的華人社會斷裂開來，兩邊對身體的知覺是大大的差異。

同樣在身體空間上面，大陸要求平等性、開放性的澈底，是台灣完全做不到的。台灣對身體空間，某種程度上比較接近古代的中國跟現代的日本之綜合。因為台灣對身體空間還是不接受日本的男女同浴。直到台灣進入九〇年代以後，女性因為追求美麗，所以暴露的穿著才比較被多數人開始接受。可是在保守家庭裡面，還是不希望自己的太太或女兒穿著暴露。又舉例來說，三〇年的台灣不能穿涼鞋上班，連露腳趾頭的鞋子都不能穿，因為代表著不莊重。但是現在普遍能接受露腳趾頭的涼鞋，但是改對於夾腳拖鞋則無法接受。事實上它只是一個觀念罷了，露腳趾頭涼鞋跟夾腳拖鞋實在沒什麼差別，只是一個

有高跟，一個沒有高跟如此而已。鞋子的功能應該回復鞋子的功能，就是腳不要直接踩在地上，以免被東西刺到。我們對於鞋子的概念也受了非常多禮教的規範，這種禮教規範也受了多種文化的交錯影響，在我們的社會跟世界裡面形成一種斷裂的關係。

歷經五十年，兩岸婚喪喜慶意識、儀式大不同

一九四九年以後一直到九〇年代初期，中國大陸的婚禮大致上已經被改革了，沒有傳統的儀式，就是兩個人開始共同生活，共組家庭。而喪事更是簡單辦理，不信鬼神。

舉個例子，著名的女聲樂家周小燕，在文革期間父親過世，她的父親也是著名的慈善家、教育家。周小燕要回去奔喪，但是組織領導說，人都死了還回去看什麼，黨會替妳解決一切，於是她就無法回去看父親最後一面。這種態度，在文革期間造成整個國家對於道德、對於各種傳統信念整個的斷裂，也澈底的改變了各種的角色關係。

台灣基本上還保持著尊師重道、師嚴道尊的傳統，但在中國大陸，這種傳統已經不見了，但是卻又保留著一部分，譬如說，派系、師門的關係仍然存在，也就是說山頭主義存在，但尊師重道的普遍道德感又不存在。

這種斷裂的關係我們再舉一個特殊的例子，二〇〇七年李安改編張愛玲的小說，拍成電影《色·戒》。這篇短篇小說張愛玲足足寫了三十年，短篇小說中的男女主角，儼然就是她自己和她曾經結過婚又離婚的男人胡蘭成。胡蘭成曾經被定位為漢奸，這個漢奸的角色，後來一生中都沒辦法洗去。胡蘭成在

台灣住了短期期間，在文化大學教書，跟朱西甯住得非常近，但是卻也造成朱西甯的文章曾經被禁止刊登。

對於一個愛國主義與否的嚴格性，也造成華人社會的斷裂。我們看到《色・戒》這部片子並不忠實於原小說，但是抓住了一個重要精神，包括老上海時代的精神，和一段歷史的精神，漢奸就一定是壞的嗎？人性是不是一定可以截然二分的，答案當然不是。

泛藍系的票友們，一定就是壞人嗎？黨外想要正名的，要用台灣名稱的所有朋友們，一定就是壞人嗎？可是我們回頭問，如果當一個人在颱風凜冽的時候，受到風的侵襲，就快被吹到海裡面去，你會先問他是藍的還是綠的再救他嗎？基於人性的善良，是不會這麼做的。換句話說，我們除了政治以外，生活裡面還有太多太多的事情，百分之九十幾是跟正名沒有什麼關係的。

社會結構不該是一輩子、永恆不變的命定

國家割裂意識的存在，割裂了我們的存在，但是不應當割裂了我們的全部。在《色・戒》這部片子中就呈現了這樣的歷史段落。也就是說，曾經當過國民黨特務，曾經當過國民黨職業學生的每一個人，他並不是一輩子必須在社會結構中隨時都是命定的壞人。在過去的時代裡面，有很多人基於工作的原因，不得不成為國民黨的特務，要定期的寫報告，定期去檢討周邊的許多人行為是否合乎黨紀，是否合乎國家的愛國精神，所以這過程有很多人被冤枉入獄。國民黨白色恐怖時期，有很多人家裡被搜查、被逮捕，原因是藏有馬克思主義之類的書

籍，就連家中有馬克吐溫的書，也可以被說成是：馬克吐溫也姓馬，所以肯定是馬克思的親戚，所以逮捕。這是無知啊！無知擴張了白色恐怖，使它成為荒謬的白色恐怖、荒謬的割裂、荒謬的斷裂我們的文化。

陳映真的小說中，也常看到有人就因為讀了幾本馬克思主義的書籍，或共產主義的書籍就遭到通緝，影響一生的命運，一生就必須在監牢中度過。這些人的正義到底在哪裡？這是他們這一生都在追問的。可是這種斷裂已經不可能追回了，所以就形成了詭譎，華人的斷裂世界就形成了。只能超越、啟蒙、寬恕、慈悲。

這就如同婚姻，如果希望繼續婚姻的話，夫妻之間所有吵架紀錄每一次都要一筆勾銷，而不能記錄在牆上，每一次重新全面的作檢討，否則這個日子過不下去了。如果一直不斷地檢討對方，不斷地刺傷對方，這個婚姻是走不下去的，最後必注定要分家的。那麼，台灣有多少人要分家，想出走呢？

閩南族群有沒有本事把其他二百多萬外省族群驅逐出境？沒有，而且命定要在這個島上繼續活下去的話，那麼，最後的辦法就是寬恕，閩南族群必須寬恕外省族群。而且並不是所有外省族群都曾經迫害閩南族群，有太多的外省族群一樣充滿悲傷、充滿血淚，也一樣被蔣介石騙了，例如：「戰時授田證」。不是所有外省人都迫害閩南人，而外省的孩子也沒有犯錯。

的確很多孩子拿了國民黨的獎學金，有了地位，雖然這些人不一定全是人才，但也非全是壞人。就如前面舉的例子，正當一個人遭到災難的時候，我們不會先問他是藍的還是綠的？不會先問他同不同意正名？不會先問他要不要制憲？基於人的

善良而去面對它。換句話說回來，人類有了現代人以來，已經將近四萬年的時間，但是有國家的形成是近幾千年的事情，我們是為了社會演化過程，才產生一個國家的必要，也許未來有一天，我們會有超越國家制度的產生。我們一定要為這個歷史裡面發生的產物，付出那麼慘烈的代價嗎？

社會結構需要超越，要用普世價值觀之

回頭來說，《色·戒》正好提供這樣一個思考，我們是不是可以考慮另一種價值。人性裡面可以有更超越的內容，是不會被簡單的愛國主義，或簡單的基於國家主義的善惡而割裂的東西。譬如說，所有人都應該重視幸福、所有人都希望自己和親人快樂、所有人都希望自己健康。所有人都應該關心別人的存在、所有人都不希望周邊的人遭到災難，這些都是我們可以共同追求的。

我們之所以遇到這樣特殊的命運，是因為華人的世界是斷裂的，因此華人的價值是斷裂的。**這些斷裂成一片一片孤島的華人世界，什麼時候才能重新敉平。只有一個辦法，不是用壓土機把它壓平，而是超越它。讓所有的不平，高高低低，在超越的視野下，都變成是沒有意義，它也就平了。**

在宏觀的視野裡面，任何落差、任何高下，都不是平與不平的問題，都只是相對高度的問題，都只是一種存在而已。這樣宗教的差異、民族的差異、國家立場的差異、愛國主義的差異、區域的差異、等別的差異、種族的差異就會都不見。

狹隘的國家主義，狹隘的正名主義，只會使人類社會的形成受到一定程度的阻礙。它其實是一個自我中心主義。所以主

體性世界事實上是斷裂的來源。**華人世界之所以有這麼多的斷裂，正是華人努力的在追求所謂主體性。在後現代社會已經反對主體性了，而且告訴我們「主體性其實是一種虛假」。**

建構主體性是一個現代主義社會，是一個還沒有跟傳統主義完全斷裂的社會。表面上我們的經濟和文化已經進入後現代，表面上北京、上海部分區域也已經進入後現代，當在追求這種愛國主義、主體性的時候，正證明我們距離封建社會並不遙遠。我們不斷地在追求各種面子和尊嚴。

王建民代表光榮、李安代表榮耀、姚明代表面子、體操代表優異，表示民主的狀況十分的落後，十分不了解文化真正的意涵何在？根本沒有進入後現代狀況，更不要說後後現代。可是在許多重要的國際都市，藝術、格局、文化都已經進入後後現代。

世界的潮流，八〇年代已經進入了後現代的文化的末尾段，九〇年代已經進入了後後現代。但華人的世界可能還在現代主義，還在傳統主義的意識形態裡面徘徊。這種烙痕也會包括在各種文化角落裡面，包括家庭倫理的文化都是。沒辦法產生生命的火花，彼此沒有產生感動，也就無法產生交集，就很難見到桃園三結義的場面，令狐沖與江湖朋友相交的場面，所以大家評量彼此關係時，都只好面對眼前的利益，或者是局部的計算彼此的利害，某人價值的計算是以局部的計算，而非整個人的希望和可能性，整個社會的動力就被分割掉。

投入社會服務，才能破解社會差距與結構

百分之八十五的中產階級，都在應付現在生活，及每個

地方都不滿意的千瘡百孔的局面，沒辦法有效投入社區，或是其他領域的建設。稍有餘力的人，身上擔負的任務往往過於龐大，如李遠哲先生擔負太多的任務，使得如此優異的人也每件事都沒做好，九二一後續重建沒做好、教改沒做好，最後只好憑著良心跟大家道歉。但這種局面是結構性的問題，造成人才量的流量產生斷層。沒辦法有效投入社區工作，或是文化工作，乃至重建人文關懷工作，使得我們的記憶、城市符號無法彌補，人的啟蒙關係無法建構起來，變成點狀的，似乎投入社區工作的人變成一群浪漫的呆子，被人懷疑是家裡擁有閒錢太多的阿舍。

事實並非如此，仔細追查會發現社區工作者經濟未必良好，但他們有共同的屬性，就是本土的、質樸的浪漫，他們熱愛這土地已經到無以復加，願意一定程度的以宗教似的精神去奉獻。他們的信仰是他們的土地，不是哪一種文明，或哪個神明或宗教，信仰是土地、鄰里、傳統文化，投入者與未投入者也形成斷裂關係。

就有如大多數女性看女性運動者的關係，大多數女性不了解女性運動者在從事些什麼，往往用貶抑的態度或奇怪的態度來看。社區工作者、文史工作者，也是如此，但久而久之，也有部分習性怪異的人，進入到這工作中，大家就可能以偏概全，認為投入文史工作的人有相當多是有如此特質的人。

事實上，如何彌補這樣的空缺，可能是這個時代的問題，尤其是被殖民社會需要彌補的空缺，可能就更嚴重了。台灣、南韓就是標準的被殖民社會，局部的日本也是，中國大陸也是，尤其資本主義大量衝擊後，它更是晚期資本主義殖民的社會，對大部分是屬於農村覆蓋地的中國大陸，一下子無法完全

抵擋住後期資本主義的興盛。因此整個農莊就迅速地瓦解掉，全部被資本化。最明顯的是雲南的麗江，完全商業化，非常漂亮的古鎮，只剩下外殼存在、四方街雖依然存在，但內容全部商業化。但遊客卻不管這些，遊客對其而言只是消費者，但對古蹟的保存、文化的保存，不應以此角度來判斷它。還剩下多少如麗江或大理的古鎮？古老的城鎮可能很多，但有價值的城鎮，我們可能要認真思考如何去保護它。

華人世界的區位需要定位、重整

要重整華人世界重新再扮演新的華人世界的區位，這個時候有遠見的社會社群的領導人是應該去思考新的華人社會每一個區域的華人應該扮演什麼角色，譬如說未來的全球化或未來的區域化的總和，台灣扮演什麼角色、香港扮演什麼角色、澳門扮演什麼角色、其他地區的華人又應該扮演什麼角色，整個中國大陸各個城市人口發展又該扮演什麼角色，必須要有特色，杭州、唐山、西安、重慶、昆明、烏魯木齊，這個問題是每個區域的領導人應該去思考的，毫無疑問的，香港、新加坡、澳門已經快速地找到自己的地位，澳門超過了拉斯維加斯，香港超過了紐約，成為世界的金融中心，新的金融中心成為香港、東京、紐約，香港一下超越了芝加哥和巴黎，和倫敦並列為同樣重要之四大金融中心，而新加坡則作為另一個重要的國際港和另一個的亞太金融中心。

而台灣和中國大陸又應該扮演什麼角色呢？中國大陸除了努力的加強經濟發展或成為世界第一強國以外，難道不應該考慮自己內部道德的素質需要加強嗎？難道不應該考慮中國大陸

內部公民的素質應該加強嗎？中國大陸經濟強大後，應該在世界扮演什麼角色？中南海思考過了嗎？還是政府當局只希望得到世界第一名就夠了？還是你們希望夠強大就夠了，難道一切的破壞、腐敗、人性的黑暗，都可以因為經濟成長而消失嗎？

全台動員，每個人都在尋找自己的位子

　　可以看到九○年以後的台灣，幾乎是全台動員找位子，每個人都在找自己的地位，連總統都在找自己的地位，下台的總統、坐在位子上的總統以及下任競選的總統都在找自己的位子，下台的總統失去了舞台，所以當然要找位子，現任的總統怕下台之後沒有舞台，所以也在幫自己找位子，如果全台灣都是處於一個在找位子的狀態之下，這當然是動盪不安，其根本原因是因為太重視國家意識而國家斷裂又不可彌補，藍綠兩邊任何一邊所提出來的解決方案，都是一種沒有作用的方案，都是一種面對現狀的一種選擇方案，簡單的建國方面的方案，或者選票想要贏得國際的認同，或者是簡單的模仿建國返回聯合國然後又要和中國大陸有所區隔，這種都是太短淺的規劃，所以藍或綠的兩邊甚至是中南海都應該超越這種短淺的規劃。

　　大陸短淺的只想成為快速的大經濟體，甚至只是想成為漢唐盛世的第一強，這是大陸一個最短視的看法。而人類二十一世紀歷史上經濟發展第一名的國家，並不代表就是最幸福的事情，人類在歷史上還有更多重要的事情要做，他必須要去思考地球現在處於一個快要環境毀壞的生態攻擊局面，怎麼樣為這個全球為這個地球文明和為下一代的文明去負責任。但是，我們可以看到東南海的領導者並沒用大腦去想這件事情，當然中

南海的領導者已經憂於世界領導者的目光，藍綠考慮已經非常尖端的，像個高中生一般的只要讓自己覺得爽快就可以，藍綠兩陣營目前的領導者，他們的智商都集體降到十八歲以下。

如此說來，**台灣的領導者不需要高中以上的學歷，只要高中畢業就可以了，只需要十八歲的智商，並且因為產生了集體邏輯，即使我們社會產生了集體化，目標非常簡單——獨立建國，要討回國家意識的主人尊嚴是唯一目標。**似乎一切的存在只為了這件事而存在，生命何其廣闊、世界何其大，應該去重新學習人類學、考古學。他們的目標就鎖定在一個要顧及尊嚴，只是他們說出口的權益一個比一個好，往往越有學問、講出來的味道越不對勁，因為掀動的結構不對，所運用的大腦的地方不對，運用大腦的地方越具有自信越具有理性，卻又越違反了群體的目標，只有少數人能結合得很好。

人們都知道，國民黨訓練的儒家式文化、官僚式文化，所表示出來的理性，永遠沒辦法歸納出對等的情感和對等的效應，始終保持的高中要考大學的理智狀態，考慮各種的精密計算，更困在傳統式的裡面，沒有辦法協助解決，反而是製造麻煩的泉源。綠軍的存在是基於藍軍的存在，藍軍只要改變，綠軍這邊也要有很大的改變。舉例來說：過去的學校對同性戀視作毒蛇猛獸，學校的學務處都對同性戀非常不歡迎，也有激烈的抗爭，但這卻形成同性族群更高的凝聚力。現在校內的社團活動為什麼比較不熱烈了，原因就在於有超越實體社團的社群，有資訊、有網路平台，每個人都有更大的舞台。

第三條路之社會結構超越趨勢

在社會結構方面的斷裂，要尋找出第三條路主要應該是著眼在階級的翻身和超越上。現在台灣的貧富二元對立十分嚴重，前百分之五和後百分之五的差距是十九倍，幾乎已經造成階級沒辦法翻身的局面。

1. 透過城市文明去建構一個新啟蒙的公民社會

要走出社會結構的第三條路，毫無疑問是透過城市文明去建構一個新啟蒙的公民社會，並在公民社會裡透過各種社會救助的系統來彌補這種斷裂。包括各種社區教育、部落教育、婦女大學的教育、幸福教育，乃至公民大學、社區大學的終生學習等等。一定程度上可能還要要求各個國小、國中、高中、大學扮演社區救助的角色。例如每一位教師可不可能每個禮拜都貢獻出三個小時或更多的十小時，來回應這個社區裡面貧窮孩子的教育問題與課業陪伴問題。這時社區的溫暖度會大為提升。以台灣為例：兩千五百所小學、七百多所國中、五百所高中職，再加上一百六十多所的大專院校，總共將近約四千所的學校；再加上社區大學、救國團、公民大學、老人大學等等，大約四千兩百所的機構裡面是可以提供非常好的終生教育機制。這樣的網絡，我們到目前為止並沒有建構一個非常完整的交叉網絡架構來互助。

在數位資訊發達的時代裡面，其實是可以透過網際網路來形成這種資源上的互助。這樣的單位應該可以提供免費的服務來協助社區裡面十六歲以下的孩子的課業協助，甚至是人格成

長的教育問題。假使包括香港、澳門、新加坡等所有的華人城市都可以立即性的去實行這套終生學習以及社區服務的教育體制的話，整個社會的斷層可以有效的彌補，新啟蒙的社會就有機會到來，社會裡面黑暗的角落就容易被照亮。

現在很多的問題是在於很多的弱勢家庭，因為貧窮與教育資源的匱乏，所以和社會產生嚴重的斷層，進而導致他們沒有辦法融入這個社會。假如這樣的體系被開放了以後，許多社會淺藏的聲音會被聽到，計程車因為賺錢不夠而燒車自焚的事件如果早一點被關心，這樣的事件就比較不容易發生，社會資源的調度也會大為提高。

透過各個縣市家長會的結構和縣市政府的配合，已經大幅度使得營養午餐缺乏供應的孩子受到照顧。在前幾年的時候，還有孩子因為繳不起營養午餐費而沒辦法吃午餐，這個情況已經被大幅改善了，被改善的原因是因為家長會進入了，而縣市政府也連結了，這當然是一個好的第三條路。因為只是吃飽並不足以解決這個社會階層上的斷裂，更重要的是我們整個國家要有競爭力必須是全面的面對我們的公民和兒童，所以全國大約二十五萬的老師們可能可以有效的為這個社會提供這種可能性，這也必須看每一個老師的家庭情況、精神狀況來作規劃。在一百六十多所的大專院校應該率先作這樣的動作，因為大專院校的資源要遠勝於國中和國小。

2. 社會教育服務和社會救濟應加速啟動

若社會階層可以有效的被彌平的話，那麼各種意識形態的塑造，及宗教情結或歷史意識的刻意建構機會就會輕微得多，也就是不太容易再產生現代的義和團、不太容易產生現代太平

天國、不太容易產生現代的白蓮教。歷史上為什麼不斷地產生白蓮教、農民起義或義和團式的團體呢？答案是：**在理性的世界裡沒辦法得到滿足，所以只好透過感性的世界、幻想的世界與意識形態的世界來建構，試圖超越原有的階級，其結果都只是造反的頭目們自成一邦的權力階級與利益集團。**這一點到目前為止，除了港、澳、新加坡以外，在台灣和中國大陸的華人世界大致上還是這樣的局面。所以窮人翻身的第三條路一直還沒有出現，不但沒有出現，可能在知識經濟與數位的時代裡反而會越離越遠，除非我們承認我們要接受一個新的奴隸制度的到來，否則我們必須面對這樣的問題。

這些被邊陲化的人民百姓，他們的心裡如何會心甘情願，他如何不會對這個社會產生仇恨，他如何不會產生犯罪的意念或反政府、反社會的傾向？我們共同生活在同一個社會裡面不可能置他們於生活之外，所以這個第三條路勢必是我們急迫要去做的。

這個社會文化最容易固守的就是其鄰近的社區，也就是一個教育的社會服務和社會救濟的道路，這個服務會起一個溫暖的作用，也可以有效地使得全國一百多所大學校長產生新的聯盟和共識，這個時候就不需要對教育部長的哪個成語用對用錯、哪個舉動優雅或不優雅來作評論，因為這些評論和觀感又進到藍綠對立的世界裡面。一旦進入社會救濟裡，教育部和教育部各個司也必須進入一個協助的行列，協助我們的人民，而那的確是一個所謂的愛台灣、愛土地的動作。這樣的努力放在中國大陸各個省也是適用的。我們也希望我們的鄰居變得有秩序、變得是啟蒙的、變得公民化愈來愈普及，而不是有那麼多的意識形態虎視眈眈的在你身旁。

3. 學界要自覺並超越媒體控制

　　人們可看到台灣藍綠的對峙大都集中在鬥爭與過去正義的清算，使得社會階層關懷的議題大幅度的從版面上消失。每個新聞台每天大約可製成三十條新聞，台灣有七個新聞台播放，表面上應該有一百八十則，但百分之八十是重複的。所以實際上我們一天可以看到的消息是五十條，一年中有非常多的消息是包括流行、消費文化的消息、政論消息、殺人放火的消息、社會悲劇的消息，所以我們見不太到輿論管道，整個新聞媒體的生態完全沒辦法提供第三條路給我們，反而提供了很多藍綠兩邊的意識形態或論證，中間派的聲音不見了。**知識分子的聲音也完全沒有空間，取代的是政治和利益團體控制媒體霸權來指導人民。可以說這是在開放的社會實施所謂的媒體專制與政治霸權的壟斷。因此，學界要自覺並超越媒體的控制才能走出第三條路，走出一個新的社會文化路線。**

第六章　華人世界的族群斷裂及其超越趨勢

政治紛爭，多族共處，造成斷裂、分群的主因

　　台灣在明鄭時期主體社會菁英原為閩南人，並尚有二十個平埔族族群，以及高山族十三個族群。閩南人從台南鹿耳門登入之後，實際上整個台灣至少有三十四個族群，這三十四個族群殺戮、驅逐了荷蘭人取得了台灣的領導政權之後，閩南族群壯大發展了相當長的一段時間，當時的台灣史紀錄，也主要是閩南族群和台灣史的紀錄。

　　這種情況一直發展到清政府執政到甲午戰爭為止，都是閩南族群的主導世界。閩南族群一定程度上認為他們是台灣主流，是長期的主人，但是後來命運作了二次的大改變，第一次最大改變，是來自於日本政府，所有的閩南族群和客家族群或者是高山族平埔族都一律成為次等人；第二次大改變是國民政府到台灣來。

　　而閩南族群在日本統治之前兩百多年的發展史中也不是一帆風順。在發展的過程裡面，首先先有泉州人和漳州人之分，所以一開始閩南族群並不是完全以閩南族群的方式出現，而是以漳州、泉州人的方式出現，所以就有「漳泉互鬥」，後來還

加上福州人互相械鬥，終於，在長期的發展之下，逐漸形成一個大的閩南族群。民族融合的過程，一開始最重要的是男人到台灣來發展，所以才有「有唐山公，無唐山嬤」這樣的說法，都是孤家寡人獨自到台灣來發展，才在這裡落地生根，所以大部分的閩南人到了台灣以後，在台灣就地娶了太太，大部分是平埔族通婚，經過長期的民群互動發展史，最後終於導致平埔族二十族完全消失了，漢族和閩南族群融合了。

接著又面對較晚遷入的客家族群，客家人在台灣更是相對弱勢的地位，一直到公元二十一世紀，才開始有了些微的改變，這就使得客家族群實際上是長期的壓抑在閩南族群和外省族群之下，這裡就可以感覺到，閩南族群的斷裂感有兩者，一者是來自於它自己原先內部的斷裂，二者是來自於客家人關係和外省人關係，它也是一個斷裂關係。除此之外，基於不能漠視其他族群，另外一股力量也一樣必須要正視，即「高山族群」。

對中國大陸來說，台灣所有的原住民都稱為「高山族群」，完全視而不見台灣將高山族分成十三族，這高山族十三族有各自的語言，文化不相同，衣著也不相同，就連最小的邵族也有幾百人。這幾大族群之間有語言的斷裂、有文化的斷裂、在歷史上有長期的爭鬥。

到了日據時代，所有在台灣的族群突然拉成一個平線，首次使得閩南族群在二百多年之後，感覺到一種命運的卑微跟想重新回到主流的意願。這時候閩南族群、客家族群、高山族群終於團結起來一致抗日，所以，抗日的運動同時在各族群之間展開。類似的局面到一九四九年以後，「二二八事件」時也是不分閩南人、客家人或者是高山族，但是由於二二八事件主要

是用來鎮壓異議分子的聲音跟反對的主流勢力，主要受害者九成是閩南族群，這時候閩南族群的斷裂感就更為強烈。

　　而到了一九四九年以後，由於閩南族群所佔的人口比例除了外省族群以外，幾乎佔了本島八成的人口，所以感覺到是一個主流勢力，不再去區分內部的泉州、漳州或石獅、埔田。所以，閩南族群感覺到自己是另一支民族，同時回顧自己的歷史，從原來主流的角色，忽然成為非主流的角色，而且一定程度下，變成是非主人的角色。國民政府入台之後，由於使用的語言官話是北京話，使得來不及把北京話學會的閩南人一時無法取得高位的職務。

政權更迭，外省、本省輪流領導族群命運

　　甚至到六〇年代至七〇年代的閩南人多半只能當部會首長的副手，鮮少見到美、日大國的代表或大使，是由閩南人來擔任的，這又形成了台灣留美的人口，外省族群佔的比例遠遠大於本省族群留美的比例。而公務人員的聘用，則視北京話的使用之流利程度與否，以及對中國歷史的熟悉與否加以考慮。並且按照各省的人口比例代表所分配的外省族群的比例，用大陸人口去基數比例的，使得外省人錄取的比例大大提高，本省人的錄取比例就遠遠下降，這和實際考試的競爭人口是完全不對稱的，使得公務系統又絕大多數是被外省族群所霸佔，成為外省統治族群以外的第二層勢力。這樣的體系族群豢養了數十萬人，所以公務系統又形成了主要的外省族群的力量，那就行政體系上官僚體系，大致又形成外省族群把持的現象。

　　根據前面敘述，閩南族群高度的警戒意識攻進了外省族群

領域中，前面除了包括公務系統以外，還應該注意教學系統，在過去由於必須要國語教學，所以老師主流還是外省人，特別是大學老師，仍然如此，軍政黨務、特務的系統皆然。所以軍公教以及黨務、特務，還有警察系統就被並稱為國民黨手上的幾張王牌，也並稱外省族群對付本省族群主要的王牌。而閩南人的對抗力量為「半山集團」，是閩南人其中一族，山指的是外省的意思，半山指的是一半的外省人，也就是說夫婦之間有一人是外省人，另外一人是閩南人或是客家人，稱之為半山集團。半山集團是首先進入外省族群的精英統治階層，之中最著名的是連震東，也就是連戰的父親，他的母親是苗栗人，半山集團就獲得了首批的利益，台灣有非常多的土地、專賣的利益就在半山集團的手上優先獲得，這也成為一種代表。

半山集團有點像中國大陸的民主黨派，作為一種樣版式的代表，表示中國大陸不是只有一個黨，當然表示台灣當時不是只有外省執政，也有閩南人執政，所以連震東到連戰都是這樣一個代表，但是這樣的代表並沒有讓閩南人感覺到自己的命運有多大的改變，大多數人還是感覺他們是被壓抑的，大多數人還是只能當次長，或底下小的官員。舉例來說，台南縣佳里鎮的大家族林家，五房林金莖長達二十多年作為駐日副代表，他擔任副代表的任期裡面，正代表都是外省人且不會說日語，不會說日語的駐日代表當然做不了什麼事，所有事情都是副代表擔任，但是榮耀歸給代表，而政府也絕不會派一個本省人擔任代表或是讓林金莖升任。

從這個角度來看，閩南人大概將近四十年的時間裡面，一直沒有辦法獲得應有的代表性地位，不管是軍、公、教單位都是，而作家也是一樣，外省作家始終在台灣佔著比較優勢的地

位，不管在媒體的刊登上，或者是語言的表述上，皆為如此。一九四九年以後台灣文學的發展，由於有了外省作家的加入，使得整個台灣文壇風貌大為改變。日據時代留下來的作家至少有百人以上，但是這些人除了政治受到迫害的楊逵，和少數的特殊異議分子以外，其他都名不見經傳。

如果一個族群在地方上極具勢力，聰明才智極為優秀，可是從日據時代到國民政府時代，卻都不能成為主人，只能成為傭人、次等人一般的身分，即便是具有美國和日本的雙法學博士的林金莖依然沒有辦法改變自己的命運。那麼，閩南族群會怎樣思考自己的命運和價值以及存在的感受呢？凡是閩南族群聽了林金莖的例子，多半會感同身受；不管這個人的學經歷有多麼優異，多麼熟悉日本語言與文化，只要血統不純正，還是只能當副代表；而只要血統正確，就算不會講日文或昏庸，還是可以當這個一路優秀的閩南人的上司。這種感受對於閩南人來說當然非常的不舒服，如此一來閩南人對於命運的斷裂感、命運的嘶喊感，也就有椎心刺骨的感受。

這種下二〇〇〇年以後綠色的運動、民粹運動的主要能量。換句話說，泛綠陣營的建國能量或團聚能量是舊的國民黨時代所給的。這就形成了台灣人的命運結構，像林金莖先生這樣的例子在台灣所在多矣，各地方優秀的閩南人想要在政治上出頭幾乎不可能，所以閩南人開始轉向其他幾個方向尋求出路，男孩子熟讀法律去當律師或法官，可以為自己的百姓、同胞主持正義；或者當醫生，主導生死。從這樣的角度來看，閩南人想要奪回掌握自己命運的權利，是十分明確的，尤其台南和嘉義這兩個地方，正是閩南族群最主要的聚集地，也是從鹿耳門登陸以後，閩南族分布最密集的地方。

但嘉義和台南這兩個地方表現出兩種不同的風格，由於台南是府城的文化，所以表現出一種優雅和浪漫，反叛也具有一種優雅和浪漫，講究文化。嘉義由於是清政府的首府，受過幾次的屠殺，甚至放火的縱燒，所以造成人民高度的反抗意識，這就是嘉義兵最難帶的重要原因，但是**嘉義、台南這兩個地方的共同特色就是追求更高的社會地位，男子多走向醫師和法律，而女孩子則多學習音樂或藝術，以符合傳統的儒教社會或者是日本社會遺留下來的風格，這就成為閩南族群的主要價值觀。**

閩南族群的抬頭：有錢是大爺

當王永慶的事業王國建立、張榮發的海上王國、許文龍的奇美天下、高清愿的統一集團的力量、味全、大同等經濟勢力群起，閩南族群感覺到透過有錢，可以使自己抬頭見到天日。

這和當醫生、律師一樣，掌握生死、勢力，在在地都感受到閩南人想要重新主導自己命運的決心，想要主導自己生死的決心。閩南族群透過經商改變自己的社會地位，也是一條可行的道路。所以政治的環境、歷史的命運、社會的結構，也就影響人的生死觀、價值觀、存在觀、命運觀，甚至是文學觀。

於是閩南族群在這長期的共同受難記憶和非主導記憶、被壓迫記憶底下，其實成為了長期的集體政治受虐兒，而且就算本身沒有受虐，也可以透過他人的敘事的過程裡面，感覺到自己也是受虐的一個部分，總是可以追溯到自己的鄰居或自己的某一個遠房親戚，受到不平等的對待和壓迫。

閩南族群失去主導性的斷裂感就更加強烈，包括鄉鎮公所、各市的區公所，過去主要是以外省族群的人口為主，許多

人都對過去區公所的態度非常氣憤，二十年前的台灣，到區公所辦任何一件小事情，沒有人會期待去一趟就可以辦完，包括申辦一份戶口謄本，因為他們每一次都只會告訴你缺了哪一樣東西，絕不會在同一次告訴你總共缺了多少樣東西，也不會打電話通知，也無法查詢。這個情況的改變是陳水扁入主了台北市政府以後才作了改變，官僚體制在區公所，各級單位必須要為民服務，而不能再有任何官僚的心態，這種改變開始在全台形成蔓延。也因此，使得陳水扁有了當選總統最重要的民意的部分因素，當然，這樣還不足以使他選上總統，真正使他選上總統是因為國民黨的分裂，二〇〇〇年，「連」、「宋」互爭，陳水扁才能第一次選上總統，二〇〇四年連宋即便合作了，但是因為陳水扁執政了四年之後，掌握了國家機器，知道怎樣重新凝聚綠營的主流意識，閩南重新回來主導自己的族群命運的意志已經十分明顯了，想要瓦解斷裂感的意志是十分清楚的，包括從媒體，從報紙、從電台，甚至從教科書的修改，都在在展現意志和力量，而外省族群，只感覺失去政局、失去政權，而沒有回顧到整個長期的歷史成因，使得他們沒辦法真正了解命運左右他們的所在。

台灣島上人民不應用語言、族群意識來區分

閩南人在語言的表述上始終沒有辦法居於美學的主流，讓人家感覺到國語不夠標準，就是一個美學的非主流，因為國語不太標準，所以，在社會表現的美感上面被扣分了，甚至在選美選拔的時候，總是外省人能夠選上，不是本省人的身材不好，主要是一張口的台灣國語就被扣分，但是以北京話為美學

的主流價值呢？大概又使得閩南族群非常的不舒服，閩南族群感覺到如果可以以閩南話為標準，那豈不是講北京話講外省話的人反而都是一個不夠美的標準嗎？換句話說，這是一個語言美學北京話中心主義，所造成的受虐壓迫狀態。這種狀態，充分的表現在各種政治社會文化的環節裡面，一直到二十一世紀民進黨執政的時候，才稍稍有所改變，對於講台灣國語的官員或者是政治社會人物，才開始比較不感覺到是一種貶低的價值。

　　當閩南族群設法重新取回他的主流地位時，他們開始論證由於有平埔族的部分血統，所以從基因的角度來說，一定程度上自己不是漢人，更有的學者論證是閩南族群即便是溯源回他的祖先，在閩南地區的時候是漳州、泉州、埔田、福州或者石獅都好，實際上是屬於百粵族群裡面的閩粵部分，所以江南才會這麼多的方言，這樣的語言根本不叫方言，而應為單一的語言。對於他們的論證來說，對一個不是北京話的方言，而是一種單一語言。相反的，江北從山東一直到四川都能夠有相似的北京話語言，只是口音不同而已，但是全世界蔓延最大的單一語言，一致口音的，發音略為有所變化的，它仍然是全世界最大的單一語言區，這就使部分學者作一個論證，長江以南這些各地方的方言，事實上不該稱為方言而是該稱為語言，而它原始的狀態，就是所謂的百粵民族。

　　所以長江以南原來是有上百個民族，指福建、廣東、廣西、浙江、江蘇、安徽、江西、湖南等區域，上百個不同的人種、不同的語言、不同的文化，透過百粵再加上平埔族的血統論證，就和漢人的血統、漢人的文化一刀兩斷的切開，這是民族主義下的民族學者所作的論證。林濁水也使用這套論證，至少曾經使用這套論證來證明自己和漢人的血統是可以切開的。

老實說，如果從基因的抽血檢查，似乎的確可以找出蛛絲馬跡，百粵族群和北方族群在基因上，似乎確實有所不同。可是，是不是可以用這種方式就論證和整個中國文化的臍帶切開，這倒是另一回事。再者，即便是不同的基因血統，是不是就一定要屬於不同國家，也是另一回事，但是，反之就算是同一個基因血統是不是要屬於同一個國家，這又是另一回事。

國家的建構是基於政治跟共同公共政策的需要，而所建構。所以，統獨的問題老實說本不應該跟血統扯上關係，但是在閩南族群因為長期受到壓抑的情況之下，似乎隱然的想要建構一個單一民族國家，可是又不敢彰顯說明，因為只要舉目望去發現十三個民族是高山族，還有一個客家族，毫無疑問的，客家族群絕對是來是於中原，和漢文化無法切開的，這時候使得台灣島上的閩南族群想要以血統的論證方式來和漢族作一刀兩斷，沒有辦法如願以償。因為五分之三的山岳，所住的高山族群不能用這種方式，使得自己建立單一族群國家。

而閩南族想要建構一個與大陸完全區分的新的福爾摩沙共同體，又因為內部有客家族群沒有辦法如願以償，所以衝突性就特別強，組合關係太過複雜，因此沒有辦法發展出一套單一順暢的簡單邏輯，於是，想要形成單一民族國家欲望就沒有辦法如實的建構，所以，透過各種方式、透過各種不同的論述來改變歷史事實，和建構想要建構一個新的社會環境，所以最好的辦法還是從獨立建國的角度來加以潤飾。

客家人彌補斷裂的方式就是和主流合作

閩南人用二二八事件的白色恐怖仇恨來加以詮釋可能是

最好的策略，但這當然是手段上的運用，如果來看另外一個部分，客家族群難道就沒有這種斷裂感嗎？有的。但是這種斷裂感對客家族群人的命運已經習以為常，用任勞任怨的方式來主動的吸收了，概括承受。客家族群永遠可以接受現在的主流族群是誰，所以二十一世紀開始，台灣的主流政治族群似乎回到閩南人手上，客家人又往閩南族群來合作，但在二十一世紀以前，主要的主流勢力族群、政治的主流控制還是在外省人上面，客家人也樂於和外省人合作，似乎一種客家的精神已經長期的深植在基因之中，所以客家人彌補斷裂的方式就是和主流合作，這和閩南的斷裂感完全不一樣。

　　但這種方式也形成台灣另一種斷裂感，因為非得就要建立一個獨立的價值觀，所以這種斷裂感，也在閩南和客家彼此面對時，產生另外一個主流族群的斷裂感。所以斷裂是非常交錯複雜，台灣社會本身內在命運，是一種交錯性的斷裂，如果要運用單一邏輯去加以貫串和實踐，永遠會發現沒有辦法以理服人，任何一方皆然。

　　所以，在台灣居住的所有人要超越這樣子的命運，超越這樣的斷裂感，只有一個辦法，就是向未來看去，走向一個超越之路。解決問題之道就是了解、意識到如果繼續採用以往的行徑和邏輯發展，不管是換成台灣族群或閩南族群，最後的趨勢就是彈盡糧絕。如果不想結局如此，那麼就應該要超越過去的歷史，重建未來的可能藍圖，先把生計顧好，再逐步的解決大家共同需要的尊嚴問題。因為無法有滿足所有的人尊嚴的策略，這就連美國都做不到。如果只想要快速的滿足某單一族群的願望，事實上，成本太高也幾乎難以完成。

第三條路之族群斷裂超越趨勢

在華夏地區與台灣是多族群的地方，聽說古代黃帝的時代有萬國之多，到了商代的時候還有數百國之多，所及之地也只到兩湖而已。古代所謂中國的概念指的是東夷、西戎、北狄、南蠻這四個之外的中間地帶叫作中國。原始定義的中國包括山東、河南、山西、陝西再加上兩湖的部分。吳、越加入中國都是緩慢的，所謂中國的概念是逐步擴大的。所以中國在這裡的定義是行周公禮樂教化這套制度底下加入的就是中國。

中國是不斷擴張的概念，和語言、文字、種族沒有直接的關係，和國家的自主性與國家的概念也沒有直接的關係。吳、越都有自己的兵權，但他們奉周天子為共同的共主是非常形式的，到了戰國七雄，周天子的共主幾乎是有等於無。在春秋戰國這五百多年裡就已經進入這樣一個虛設的共主時代，中國的概念也從那時候開始定位化。原始的中國概念不是要維持統一的政權的需要，而是要共同行這套禮儀教化形成一個生活圈的需要。所以把中國這個概念回到生活圈的需要就好辦了，而不要放在政治上的需要。

1. 找尋中國原始的定義，來跨越民族主義

原始的中國概念是超越種族、語言、文字、經濟、軍隊、立法與歷史的論述。到秦始皇出現疆域及文字才有了統一局面。在這過程中我們知道在秦朝統一以前的疆域是今天中國大陸疆域裡面的一部分而已，大概只有現在版圖的四分之一。原始的中國意涵指的是生活圈裡面的制度問題，並且承認裡面是

多民族的。所以民族之所以斷裂很大的原因是政治力的介入，用政治的民族主義使得民族間沒有辦法共容。

如果從生活圈的概念的話，沒有不共容的道理。因為它是一個互助與互補的概念，讓我們退回到生活圈我們就可以重新承認一個共同生活圈的需求。兩岸是共同生活圈的需求，台灣大量依賴大陸的經濟，這怎麼不是共同生活圈的需求呢？問題是他要把「中國」兩個字一併政治實體化、主權化，並和政治、權力位置連結，當然就無法取得共識。這時民族的斷裂問題就躍然紙上，有太多的民族主義論證出現，所以種族主義的問題就出現了。

種族主義可以從百越民族來論證，凡今天的蘇南、浙江、江西、安徽、福建、廣東、廣西、雲南通通可以列入百越民族的範圍裡面。何謂「百越民族」，就是廣稱為越的民族。在這個地區裡面可能超過一百個民族。若從方言的角度來說，用最嚴格的方言來定義的話，方言是彼此還可以約略聽得懂的語言，如果彼此完全聽不懂，那一定有太大的分歧，那其實是各自的一種語言而不能稱之為方言了。這種彼此沒辦法聽得懂的語言，在大陸與台灣到底有多少語言呢？台灣光是十三個高山族，再加上沒有消失的十族平埔族，至少有二十三族語言。一個福建地區就有福清話、閩南話；一個浙江就有有溫州話、金華話、寧波話。這麼多的語言，他們之間真的都聽得懂嗎？換句話說，真的有上百種獨立的語言而他們之間真的都聽不懂。因此，從語言主義的角度來論證，當然可以說是獨立的。**從血統來論證，有太多的民族學者、人類學學者基於獨派的需求，完全配合血統主義來說明南方是自成一國的，河洛閩南族群不是殷商的移民，只是語音上的河洛福佬的意義而已，這樣民族**

的斷裂當然就產生了。

原始的中國人需求是指生活圈，是指生活教化的需求。如果我們沒辦法滿意大中華的生活圈，我們應該可以接受我們是亞洲生活圈、世界生活圈。在這樣的思維之下，由於有網路世界的到來，種族中心主義或運用族群斷裂的關係的思維是不利於生活圈發展的，也就會直接不利於經濟的發展，因為這是一種變相的鎖國主義。變相的鎖國主義在歷史上沒有任何一朝或任何一個國家獲利。封閉一定帶來災難，封閉一定帶來退化，封閉一定帶來斷裂斷層。對於民族主義的超越我們已經看到了，網際網路給我們機會，各種聯盟的整合（如歐盟及未來將要形成的亞盟）告訴我們超越種族主義已經是我們這個時代的必要了。

台灣實際上毫無能力在種族主義上作各種區分了。如果再作內部的自我區分的話，我們大概要把各個山脈作區分：阿里山山脈獨立、玉山山脈獨立、中央山脈獨立、雪山山脈獨立、蘭陽平原獨立、花東縱谷獨立、桃竹苗獨立、台北盆地、嘉南平原獨立……回到四分五裂的台灣。我們的確也曾有過那樣的時代，就是平埔族的時代，各地佔地為王的時代。那當然也能過日子，但我們是不是要回到那個生活水準過日子呢？如果繼續我們種族主義的斷裂，我們的第三條路是走不出來的。

原有斷裂種族主義是有助於清算，因為以族群為單位比較好算帳，這是會計科目的概念。把會計科目的概念帶進種族主義，帶進歷史的清算，這樣的工程非常聰明，在鬥爭上有效，可是對於我們整個文明和社會發展不利。我們必須超越這種種族主義會計科目化的走法，回到一個全新的道路。**這個全新的道路是地球村、全球化的概念；是一個歐盟式的概念；是一個**

整合式的概念；是一個生活圈的概念。

　　這個生活圈的概念又回到前面所談的必須要以城市為中心的全方位思考。所以**城市是一個中型的生活圈，社區是一個小型的生活圈。**更大型的生活圈是區域的生活圈，所以區域整合是勢所必要。這時候應該要放棄國家主權軍隊式的統一與領導。中南海政府首先要放棄這種概念才能回到原始中國的定義，是一個共容的生活圈，而不是誰放棄對方的主權的意義。我們看到吳、越是主動願意加入中國，而不是弱小的變成中國。本來是中國不承認吳、越是中國，本來是中國不承認楚國是中國。加入是榮耀並不是因為弱小才變成中國，這個概念始終沒被說清楚。我們翻開春秋戰國史，是不是這樣呢？當時商朝轉移政權到周朝時，許多分封國因為君王不識字必須要商朝的貴族作該國的官吏的原因是什麼？因為商貴族識字，由於商貴族識字才能使那個國家文明化。必須要培養史官、培養知識分子來建立那個國家的典張制度。

2. 「中國」的原始定義是「高度文化聯盟的核心」

　　所以文明化才足以稱之為中國的一部分，換句話說，不文明的東夷，南蠻、北狄、西戎是我們不要的，我們希望成為中國的對方是文明，文明的我們歡迎你加入，而不是我希望併吞你才使你加入。所以我們請中南海或藍軍與綠軍趕快搞清楚，不要再違反中國的定義了。一個中國的定義是一個高度文明才能加入的榮耀制度，而不是霸權主義要併吞別人的主權的一種威脅的手段。這完全把中國的意義弄混了，所以運用這種中國思維的人根本不配成為中國的繼承者，也不是中國的正統者。所以台灣聰明的話，就拿回這個原始中國定義的招牌：是我邀

請你成為這種共容的中國，我認為你文明，所以你可以成為中國的代表，是行禮樂教化制度的才是中國。

古代的「四海之內皆兄弟」中「海」的意思不是指海洋，而是指疆域的極限。所以四海之內皆兄弟是指四方疆域的極限之內都是中國兄弟。因為我們都是行禮儀教化之下所形成的文明共同體的生活圈的人民。在那個時代還知道在城邦裡面生活的人稱為國人，城邦之外生活的叫野人。國人和野人的分野更說明了文明的重要性。我們今天不分青紅皂白、數人頭式的不管對方如何就把對方納進來，越多越好。這種政權統一把他當作數人頭方式，當成存款機數目越大越好的態度，是中南海的迷思，也是國民黨和民進黨的迷思。兩邊都喜歡搞人頭黨員，這是選舉機器之下與霸權機器之下的迷思，當然就會興起民族主義的浪潮，因為運用民族主義來製造這種信仰與霸權的蔓延是最方便的。

筆者認為民族主義的製造最開端是漢朝。國家主義和民族主義兩相結合，這個傳統一傳下來已經有兩千年，特別是從漢武帝以來。所以我們遺忘原來中國的意義，原來四海之內皆兄弟的意義不見了，因為四海之內是包含所有的種族，四海之內都是如此的儒雅、如此的有教化，甚至國與國之間的贈送還贈送砭鐘、禮器、樂器，來使對方更有禮儀教化。今天不是，今天我們是要對方的利益，這已經違反了中國原來的定義。當時孔子所憂患的夷狄的侵略，是憂患這個四海所建構起來的禮樂制度、祖宗信仰制度，以及使得人和死者可以各安其位的制度一旦崩潰，人會無所依歸。人死亡後無所依歸就會退回野蠻的時代，所以懼怕夷狄的恐怖感是懼怕文明的倒退。所以中國的需求是文明的需求，「中國」這兩個字的需要是文明化的需

要，而不是國家主義或霸權主義的需要。「**中國**」這兩個字從頭到尾都不基於民族主義。所以民族主義的始作俑者是在近代，和國家主義結合的就是社會，這個道路在中國國民黨始終沒有被修正，應該剔除掉並承認這歷史上策略的錯誤。「**驅逐韃擄，恢復中華**」是階段性的、策略性的運用，而今天我們應該回到中國真正的意義，是回到那個四海之內皆兄弟的中國意義。

3. 高文明的生活共同圈跨越民族主義的斷層

　　中國古代大哲學家陸象山說：「東海有聖人出焉，此心同也，此理同也；西海有聖人出焉，此心同也，此理同也；南海……北海有聖人出焉，此心同也，此理同也。」的意思是：凡是以教化在這個共同生活圈與疆域極限內的任何一個角落所出現的人，在道德品味上達到最高的成就，在生命境界上達到最高的成就，在良知道德判斷上會有一個共同性。於是我們的倫理形成我們共同圈裡面一個高度的準則和公民化的訓練標準。在這裡民族主義的斷層不見了，所以回到高文明的生活共同圈，去找尋中國原始的定義就可以跨越民族主義。

　　因為人在追求更高的品格角度，這是不可遏止的。所以台灣政治斷成兩節，在走弱智的道路。同樣的，中南海那邊也有這樣的情形，霸權主義也是弱智的道路，所以大陸的知識分子稱中南海政府是一個精英的反淘汰制度。兩岸上升到高層後，常常只剩官僚，而沒辦法讓更多傑出的人員進到裡面去。原因在哪裡？原因是它並不真正的追求文明化，它只要玩弄權力的邏輯。由於要玩弄權力的邏輯，於是就必須要策動民族主義，製造民族之間的各種問題，或策動愛國主義。這時候有愛國主義就有反愛國主義，有民族主義就又反民族主義，二元對立就出現了。

第七章　華人世界的經濟斷裂及其超越趨勢

　　華人世界嚴重的斷裂，其中一項是貧富所產生的斷裂關係，富人和窮人之間的距離不斷地被拉開，造成整個華人世界的撕裂。

　　以香港為例，社會上有許多老百姓只有一個床位大小的空間可居住，但是也有如李嘉誠般的世界富豪，收入相差千萬倍；台灣人年收入前百分之十和後百分之十人的生活，也完全不成比例；中國大陸更明顯的在沿海地區和中西部地區是兩個不同的世界。

經濟、物資差距大，民心不平，社會無法和諧

　　物資的差距形成華人社會內部的不協調和斷裂，所以中國大陸才不斷地鼓勵「和諧社會、和諧世界」。這種和諧的需求，當然來自於不和諧、來自於分配的不均、來自於彼此對待的不公平。最大不公平的來源當然來自於資本主義，例如美國、日本所使用到的世界資源，很可能佔掉世界的一大半，但他們的人口只佔世界的二十分之一。全世界百分之八十的主要資源，的確控制在千分之一人的手上，而其他千分之九百九十九的人，只使用了百分之二十的資源，這樣的情況在華人世界

裡面完全可以見到。

可是**華人世界裡面有更嚴重的斷裂感，原因是華人世界有全球四分之一的人口，但是能夠進入到準後現代、後工業、資本化的生活世界的人口其實根本不到一億，這就形成兩個巨大斷裂的世界。這樣巨大斷裂的世界，根本上是屬於不同世紀的生活。**

而台灣雖然都進入後現代，而且是排名世界第十六大經濟體的國家，可是因為台灣的資源狹小，使得彼此間可觀望的距離非常近，不像中國大陸的窮人和富人因為地緣距離，彼此雞犬不聞，但是台灣富人、窮人近在咫尺，那種差異感跟不平衡感非常強烈。所以當富人說，經濟不景氣完全沒有影響，他們照樣到百貨公司買珠寶、名錶，進行各種消費。可是，身邊就有許多人繳不出健保費用、小孩沒有營養午餐錢。

同樣地，香港的國民生產毛額高於台灣，一年兩萬多美金，可是其窮人的情況比台灣更糟，居住的情況更狹小。香港的中產階級只要能住台灣三十坪的房子（大陸稱為一百平米，香港所說的千呎）就已經是不得了的事情。就這點來說，台灣人可能要好一些，即便窮人所居住的位置也不至於小到只有一個床位。

但是台灣有非常多的災害，如果住在缺乏修護、照顧的區域，整個生活的品質是非常低劣的。如果用金觀濤、劉青峰等中國當代著名學者於一九八四年出版《興盛與危機》這本書的概念來看華人世界，表面上中國領導了整個華人經濟，逐漸抬頭，但是實際上卻暗藏巨大的危機，這個巨大的危機就是來自於華人世界的斷裂，過大的生活差距，使得總是低層階級的人民永遠沒有希望進入到上流的社會。於是，當低收入民眾放棄

了希望，社會的危機就會出現。這在台灣何嘗不是？有這麼多的詐騙案件、自殺案件，它真正產生的原因就是來自於危機。

華人資本主義與中產階級帶來興盛卻充滿危機

　　人民對於未來感覺到沒有希望，於是，乾脆鋌而走險，不尋求正確的社會管道，放棄既有的社會管道。許多辛勤工作的中產階級、一般公務員，一年只能賺到五十萬到七十萬台幣，但是打開電視，一看新聞，就看到大財團在掏空、吸金的社會事件，每個地方鄉鎮都有豪華的文物館在養蚊子，轉眼間又消耗掉上億的台幣，這些辛勤的、主幹的中產階級，情何以堪？所以人民心中的斷裂感會逐步增強。再加上物價因為全世界油價跟能源的缺乏，而不斷地飛漲，但是薪水卻不漲，物資愈來愈缺乏。

　　我們的興盛是充滿著危機的，人的享受感跟舒適感是愈來愈不足夠，這是踏著中產階級的鮮血而擁有的興盛。曾經有經濟學家指出，中國的興盛會摧毀全世界的中產階級，這句話表面上是個事實，但其實是不公平且不正確的。實際上資本主義發展到後後現代時期，自行摧毀了資本主義內部最重要的階層──中產階級。本來資本主義原初的設計和原初之所以盛行，是來自於能養活大批的中產階級，使得大多數人能夠不餓死、大多數人能夠有工作，這是資本主義美好之所在。這種美好到一九八○年左右還可以維持，整整撐了一個多世紀。可是，後現代的時代即將完畢，進入後後現代這個全球化和反全球化的時代開始，這個世界開始變了。中產階級被強力的吞蝕，中國作為世界工廠的角色崛起，成為世界上的重要代工，否則不足

以快速的興盛。

可是**中國必須付出慘烈的代價，包括環境的汙染、貧富更大的懸殊**。最近可以看到非常多的資料指出，現在中國大陸所面對的貧富差距和社會的不公正，比文革時代更加嚴重。如果出現了這樣的聲音，那代表中國大陸目前的榮景、興盛完全是表面現象。因為大家已經知道文革是人間難以形容的悲劇，大概可以跟猶太人的集中營相提並論，慘絕人寰。若有知識分子提出現在的不公正更甚於文革，那麼正代表中國的斷裂感更強了。但是中國卻沒有辦法逃離這樣的選擇！因為中國不可能放棄有一億人變成中產階級，或有一億人富裕起來這樣的機會，所以一旦作了這樣的選擇，後面必然有更大的危機，**這危機是資本主義、全球化、後後現代化所帶來的**。

中國的興起「不會」打垮全世界的中產階級

中國內部還沒有經過完整的現代化，也沒有經過後現代，就直接面對到全球化、後後現代的資本主義，使得中國進入一個極度尷尬的狀態。世界工廠的身分會形成另一種假象：中國的興起會打垮全世界的中產階級！但這當然是錯誤的。全世界的中產階級少說有十億人以上到二十億人，這二十億人再怎樣也不可能因為這一億人的崛起而被打垮，世界的中產階級消失是其他的原因，而中國本身也面臨了這個危機。

如果世界的中產階級在消失，那麼，資本主義和全球化的意義到底在哪裡？這些真的能帶給人民幸福嗎？因為全球化以後，我們連躲藏的地方都沒有、連隱居的地方都沒有，因為一切的山林、一切的土地、一切的資源全部被全球化的大托拉

斯所掌控。全世界控制在幾百萬的企業家的手上，只有這些企業家和其直屬部隊過著好日子。未來，真正能過好日子的台灣人，大概不會超過五萬人。當然，這也關係到各城市的消費指數，在台北市，即使一個年收入有三百萬的家庭，生活也未必能夠寬鬆；但三百萬在台北以外、新竹以南的都會區生活，可以快樂生活，但是問題就在，在新竹以南，一個家庭想要年賺三百萬的工作是件非常困難的事情。在中國大陸也是一樣，一個月只要有八千塊人民幣就能在成都過不錯的生活，但是在成都月薪八千元的工作難尋。這時，我們面對一個「悲壯衰落」的局面，偌大的帝國完全可能因為資本主義和經濟制度及財富分配的不均，悲壯的衰落。

歷史以來各種文明的發展到了最後，都一個個衰退了，只有中國文明還保持著狀態，中國文明雖然高高低低，可是至少它是個持續的，但是**全球化卻可能讓中國文明真正衰亡，全球化的威力更大於外族入侵**；過去，外族入侵都是少數人侵入國家，但是全球化並不是一個少數，全球化是一個多數，而且絕對的多數，在財力上、人力上各方面它都可以臨空而降、席捲而來。所以完全不能跟過去的文明危機作類比，不能跟元朝、清朝、五胡亂華作對比，過去中原文明一直是高文明，邊疆民族的侵掠是一個低文明的侵掠，再加上過去使用的器具是速率慢的器具，現在使用的器具是速率快、高科技的器具，是完全不能同日而語的。

想要以過去的方式來重振華夏雄風，完全是意識形態的，甚至連中國大陸的愛國主義者，現在都無法用這種往日的類比方式來寄望未來會一樣興盛。我們需要擔憂的是中國的興盛是否會非常短暫？作為世界工廠的角色後，對世界的影響就如蝗

蟲過境般，但卻也會倏地衰退了，這是完全可能的。日本也曾經成為世界的代工廠。接著是台灣、韓國，當代工的角色失去後，如果沒有找到新出路，經濟就會立刻下滑、成長力立刻下降。中國大陸之後，即有可能接著是印度、越南、柬埔寨等國家接替而起，**當一個國家逐漸興盛，勞工成本提高，自然資源消耗到一定程度，世界工廠就會轉移，留給當地的確實會有金錢的收益，但是也對生態、環境汙染留下了後遺症**，台灣的環境汙染、遺毒到今天仍然揮之不去。

財富重要，還是幸福、快樂、環境生態重要！

所以，經濟發展重要，還是人民的幸福、生態環境重要。二〇〇七年《商業周刊》報導「不丹」是最快樂的窮國！不丹的國民所得只有台灣的二十分之一，土地貧瘠、環境惡劣，但是卻有百分之九十七的人民說：我很滿足。

報導中指出，不丹從三十年前，國家主軸就以「國家快樂力」（Gross National Happiness, GNH）為出發，到了二〇〇五年，這個小國家就成為全球各大媒體的目光焦點。但不丹人的平均國民所得僅一千四百美元，但是資源配置得當，國家不養軍隊，不買武器，人民就能享有免費醫療、免費教育。那麼，對於國家競爭力、外匯存款排名、平均所得、經濟景氣這些字眼汲汲營營、動輒得咎的台灣人，如果一點都不快樂，有錢、有珠寶、黃金又如何呢？

不丹沒有工業發展，可是人民的幸福指數最高，台灣用了這麼大的代價進入世界第十六大經濟體，可是我們的幸福指數卻如此的低，台灣人如果可以回頭去選擇，會選擇哪一個呢？

中國大陸十三億的人要的是什麼？為什麼幾個領導人就可以決定國家的方向往哪裡去？

　　中國人為了想要再次興盛，這個強大欲望會把大家推向和資本主義結合的道路上，即便經過毛澤東和許多共產黨的阻攔和攪局，使得一九四九年以後的中國停止和世界接軌，但是停了卅年後，重新立即迎向世界，而且快速地消耗掉大陸的自然資源、環境資源。若當年，中國也實行資本主義，如果是由蔣介石所領導的國民政府繼續在中國大地上發展，那麼對於自然環境、生態的消耗將更為恐怖，世界各國搶佔中國大陸的自然資源，消耗是我們不可想像的。

　　如果從資源的消耗和不自我反省來說，我們的確是面對一種悲壯的衰弱。最近中國大陸拍了一部影片《大國崛起》，反省荷蘭、日本、英國、美國這些近代歷史興起的大國是以什麼樣的條件而興盛的，其中隱然的告訴世人，這些大國會崛起的重要原因，而總是脫離不了經濟關係的。所以恢復經濟和國力就成了最重要的指標，隱喻暗示，中國這個泱泱大國就要憑靠著超級生產力崛起了。

中國要崛起，會不會葬送掉未來華人的理想？

　　但是這其中有個關鍵的迷思，因為過去大國的崛起完全不需要考慮全球資源的問題，因為全世界在當時的資源消耗是非常低的，但是現在中國要崛起時，要面對強大的資源消耗，全世界現在誰能夠擁有資源，就能夠繼續勢大。但是，資源的消耗、人口數和經濟成長率之間是互為因果的。如果，**我們為求經濟發達，快速地、任意地濫用了中國的資源，那麼中國將立刻**

成為世界大國，但是這個成本未來的中國人民是否付得起呢？

在這之中，其實華人仍然是在製造世界的斷裂。華人的斷裂，華人世界的斷裂，其實和華人經濟體的發展有莫大的關係。我們盲目的向前衝，將會造成中華文明在不久的幾十年後斷裂，也許在我們有生之年就可以看到華人世界悲壯的衰落。一切都是因為我們已經過度地耗掉資源，所有的問題變成不可逆。最明顯的一個案例，「長江大壩」的建造從孫中山時代到江澤民，終於實現了，但是原本宣稱可以造福眾人的「長江大壩」，卻造成了巨大的環境汙染問題，但始終卻沒有人敢拉下臉來承認這件事情的錯誤。

第二個就是「沙塵暴」的問題，朱鎔基曾經說過，如果再不處理沙塵暴，中國可能就要面對遷都的問題，但是我們眼見北京的沙塵暴狀況沒有減緩，但是在北京建造的建築、資源投入卻不斷地加碼，這其實和二〇〇八年的北京奧運有關，北京所投入的資金已經不是一般城市可以相提並論的。但是，即使風光舉辦完奧運之後，北京最後還是要面對日益嚴重的沙塵暴，也解決不了城市不斷擴大資源卻不夠的問題，而且目前北京市的市民年平均所得還是低於兩千美元。所以**為了民族自信心和愛國主義的面子，盲目的去追尋的經濟興盛，讓國家人民充滿了斷裂的危機，並且直指興盛後的急衰。**

經濟興盛，伴隨資源、生態危機與斷裂

當資源稀少到沒有辦法再忍耐之時，就是澈底斷裂來臨的時候。現在，已經有三分之一的中國人沒辦法喝到乾淨的飲用水。人類的各項資源危機都是來自於各種汙染，為什麼中國常

傳出黑心假雞蛋、假醬油、假衛生紙、假衛生棉；或者是病死豬肉、病死牛肉？原因自然是由於真品不夠、真品太貴，所以才會有人鋌而走險製造假貨，謀取利益。如果真品充足的，沒有暴利可圖，就不需要連這些低價的民生商品，都得要仿冒。

　　這與民生用品和資源稀少有關，也和社會道德有關，但是除了低價商品的黑心仿冒，社會價值與虛榮感也使得中國成為名牌仿冒品的大宗。當社會道德規範越強烈，法律規範得越嚴謹，執法越澈底時，這些違法亂紀的事情相對會少一些，可是並不能完全杜絕，真正必須解決的是資源不足的問題。

　　資源不足就是華人世界斷裂的痕跡，而且不斷地警惕著、提醒著華人，我們將面對無法逆轉的斷裂。資本主義和自由主義從來就沒有從環境資源保護來進行思考，它們只相信市場有一隻看不見的手，會自然調節市場機制，但是市場需求機制並不會完全考慮地球資源問題，人類也不會主動思考地球資源的問題，每個人在市場機制裡面大多只會需要思考自己的利益原則。大家都先按自己的利益原則來推展，先得手的就是贏家，只要成為贏家就是一切，當此處資源毀壞、環境破壞，就進行遷移！所以我們可以看到一大群環境生態的掠奪者，在掠奪中國的山川。

　　當山川完全崩解，在土地上喝不到好的水、吸不到好的空氣，每個人空有財富又有何用？最後我們將見到一大群華人帶著錢財，離開華人的土地；而沒有錢的窮人只好繼續留在這片苦難殘破的大地，過著痛苦貧窮的生活，這是個巨大的斷裂，也註定這個文明即將衰落了。人們犧牲這塊土地的資源去榨取錢財，企業家拿這個土地的錢財去投資其他國家，最後到另一個國度去生存，原有的國家成了空殼子、爛殼子！所以這是華

人們在負荷強大的資本主義與自由市場經濟時，被用力扭斷的斷裂痕跡。

華人的危機並不只是來自全世界的中產階級萎縮而已。大前研一錯誤的觀點在於「附和中國的經濟發展」。譬如大前研一曾提出《力用中國》，要隨著這些世界資本主義的企業體和中國作合作，這其實是附和資本主義的惡魔，來榨取中國的資源、中國的環境。對於一個日本的趨勢學家來說，只要書賣得好，中國資源榨乾了也和他毫無關係？預測錯誤、建議錯誤也毫無關係？他大可以在日本繼續過優渥的生活，沒有任何道德責任，對於他自己的生存環境無利害關係。又例如，《中國，出租中》這樣的態度和殖民中國、割讓租地有什麼不同？

所以，大前研一是附和資本主義掠奪的趨勢學家，而非真正為人類未來著想的趨勢學家。他所指稱的「M型社會」對華人世界也是虛假的，華人不會產生「M型社會」，而是稱為「斷層社會」。所以華人們會自我折翼，使得我們沒有辦法再飛翔；自我折翼，使得我們沒有辦法再興盛，而註定面對悲哀的斷裂和衰落。所以，資本主義者、投機主義者，他們其實犧牲了大部分華人的利益，也犧牲掉中國老祖先所留下來的資產，換句話說，這一群不肖分子合謀，會是把整個中國文明葬送掉的劊子手。

由於中國一直陷於大一統的迷思，其實就在「拒絕斷裂」，也就是希望中國能不斷地綿延、整合、統一。但是面對並附和現在資本主義的局面，而建構出資本主義底下的大一統，反而使得這個大一統產生斷裂。因為中國沒法拒絕資本主義，或者可以說中國沒有條件和資本主義妥協，使得中國的大一統面對真正的危機。中國是以儒家為主體的意識形態，官僚

體系也是依照儒家思想所建構，所以，當資本主義舊有的體制進入以後，社會就完全瓦解了。**資本主義是個洪水猛獸，無法用封建體制來規範，也沒有辦法用儒家的官僚體制來架構。資本主義的核心原則就是「欲望」、「愛欲」的原則，或者可以說是「貪婪」。**

儒家化的資本主義模式，是無效的

資本主義既然是來自於貪婪，那麼就更可能會無以復加地吞蝕掉環境，不會力守儒家的道德規範，任何一位聖人的修身法則或意識形態在這個市場都發揮不了作用。一切只會遵從資本主義的會計制度、法律制度來進行。所以資本主義一旦進入社會以後，所謂華人「儒家化的資本主義模式」，事實上是無效的，並不會減緩國家的發展型態，因為貪婪的欲望會衝破這一切。

過去的社會學家、哲學家、經濟學家誤以為儒家式的宮廷倫理有助於資本主義在東亞的發展，但是這種分析太過於短暫、片段，並且洋洋自得認為「儒家化的資本主義模式」的發展可以保持優良的資本主義模式，但是這個看法錯了。事實證明，東亞四小國的儒家化現象也沒有使得人民們的貪婪局面變小，社會治安也沒有更好，人倫至情也不會比較堅固。所謂儒家文化對資本主義缺點的抵禦頂多只有十多年，世界進入二十一世紀以後，這些國家也臣服了，一樣是朝美國化的資本主義發展。換言之，原本的民族特色、原來的意識形態、原來所謂的大東亞儒家文化圈，所能抵擋資本主義的年限是有限的，最終，還是會百分之百的向美國式資本主義傾靠。

　　觀察今日的台灣來討論所謂儒家倫理的資本主義發展，就可清楚看到資本主義貪婪的推進。現在台灣人民的生活型態、城市樣貌就像美國的一個城市。所以，即使連台灣的儒家特色，最後也都全部變成是美國的特色，差距只是兩地分別用漢字跟英文如此而已。今天，又可以看到中國大陸故技重施，想要用政治的儒家和讀經的儒家，重建現代的中國，歸根究柢來說，中國希望的是協調大統一和資本主義之間的關係，但是這方法已經在台灣、韓國、日本、香港、新加坡都證明失敗了，這無法成功地抵擋住資本主義產生的各種災害。

　　因此，**中國所遇到資本主義的毒害是不會消除的，斷裂一樣會來臨。所以需要面對另一種制度和另一種結構，以及解決欲望和資源快速燃燒殆盡的危機。**過去封建體系中所保持的穩定性的結構，也已經被拆毀了，尤其是在東南沿海地區。那麼除非中南海政府帶領著中西部的群眾來抵抗全世界的資本主義，重新改造全世界的企業家，否則這件事情談何容易。

　　中南海政府和太子黨們，極盡地享受資本主義的榮華。於是人們可以發現，所謂的無組織力量已經無限地在整個華人世界蔓延開來，人們沒有辦法精確統計中國一年到底有多少的仿冒皮包、仿冒手錶、仿冒CD；也沒有辦法有效的知道中國到底有多少人因為販賣仿冒名牌而獲利，同理可證，在台灣、香港也都是一樣的情況。尤其是香港，由於地緣關係，可以輕易地到達仿冒品的製造集散地——廣州及羅湖口岸，取得仿冒品回去販賣。無組織力量會使得社會調查完全失效，所有數據的引用，都是不可靠的；所有社會計算的可靠性都很低。唯獨自然環境的破壞力量計算，可以精準一點，因為環境的破壞無法及時修復，並且可以推估。

外資進入，大城市的土地和房地產飆漲

　　此外人們還可以發現中國的土地和房地產的佔據，也是另外一個巨大的斷裂。來自於外國的資本主義和企業主，大量的侵入中國土地和房地產的投資，使得北京、上海、杭州這些比較先進的城市房地產價值已經高到無法想像，但是對於當地人民來說，這個天價對於他們的消費和經濟力完全不成比例。這種不成比例的土地和房地產的擁有，又產生了另外一個華人世界斷裂，這種情況形同於國土租借地型態。

　　在這種情況下，無組織的力量也同樣會進入負面社會的發展，一點一滴地在侵蝕解放軍或中南海政府的統治力量，沒有人說得準這些逐漸變大的漏洞，什麼時候會在各地方政府逐步產生巨大的缺口。這也如同台灣解嚴以後，公務人員、民意代表選舉制度向黑社會、黑金低頭，整個選舉就無法控制了，到現在國民黨政府、民進黨政府都已經完全地向黑金低頭，也已經無可挽回與向黑金的合作所產生的禍害。

　　於是**人民不用期待國家出現「真命天子」或是「聖人領導」，往後，只有真命企業家，所有的企業家就代表了各個的地方諸侯。**而且，在企業主的世界中，他們的觀念與治理方式是絕對的獨裁，因為他們擁有絕對力量。這時候稍微可以和企業家抗衡的只剩下「媒體」。可是，兩岸的媒體也早已受到壟斷，被壟斷的媒體也和企業掛勾，或是和政府掛勾。可觀察出台灣的媒體若不是倒向統派，就是向獨派倒去，於是媒體的獨立力量也不存在，台灣獨立客觀的媒體幾乎少之又少，第三勢力的媒體或中間勢力的媒體，也幾乎不存在。

華人無法主控社會，而被企業家掌控了

在這樣的時代中，我們已經不能期待看到「商鞅變法」、「王安石變法」、「張居正變法」式的大革新勇氣，因為世界的法則已經無法全由華人來主控。當資本主義大量入侵到中國以後，華人世界的法則就由企業家來主控、由會計制度來主控、由國際法來主控。由於主控力量已經操之在外人，操之在非中國大地上，整個資金的進出也沒有辦法由中國來控制。如此，過去中國封建王朝擁有的特殊自我修復機制，就不復存在了。

過去王朝體制裡面，只要內部受到的震盪，總有自我調節的能力。因為過去是一個農業社會、城邦社會為基礎的時代，到了固定的時期，會有週期性的消耗，然後自我回補，再過一陣子的消耗，又會再自我回補，如此循環不息。但是現在已不再是農業社會、城邦社會，也不如過去是以白銀、銅錢為交易基礎，現在是電子貨幣、世界貨幣時代，有股票市場、有外資、有商業組織和連鎖企業體等。所以，不管是經濟、意識形態，整個社會組織都無法再像過去一樣，總會產生自我調節力量。所以，社會一旦產生了斷裂，所有任何的大動亂，就都沒有辦法迅速的調節了。

但是我們也可以提出一個懷疑問題：現今的動亂是不是能夠大量地、大規模的興起？因為過去的動亂，可能只要人人拿出一個鋤頭或斧頭就能對抗馬匹、戰車，但是現今的動亂要有十足的本錢，現在拿著鍋碗瓢盆是對抗不了電腦也對抗不了原子彈。所以，我們是否只能等待著新奴隸制度的產生、等待著

絕對斷裂的產生、等待著整個華人大地被絕對的掠奪呢？答案恐怕是的。

　　所以我們現在建造一個連續的文明，或許是為全世界的資本家在中國大地建造的文明，延續這個文明的，有可能不是中國人，也不是用華人的思考模式來進行維繫，當然，這也十分符合全球化的精神，也符合大前研一的《中國，出租中》跟《力用中國》的精神；中國的人力、土地、資源非常好用，所以外國人繼清末之後，又再一次不費吹灰之力重新租借了中國、又再一次奴役了華人。如果外國資本家的「奴役」，能使我們的生活過得良好，文明發展良好，華人或許可以考慮接受，但是**事實擺在眼前，有多數的華人因為經濟開始發達而過著更不好、更不幸福的生活，加上華人們整個環境資源被嚴重的消耗掉，無可迴轉。**

資源配置不當，八掌溪事件將一次次重演

　　於是，華人們應該要思考「資本主義的全球化發展」到底是不是我們所要的？二〇〇〇年台灣曾經發生「八掌溪事件」；有幾個在八掌溪工作的工人，因為河水暴漲受困在急湍之中，等待救援，當時已有媒體趕到現場，進行全程轉播，卻苦等不到救難人員到達，於是就在幾百萬的觀眾眾目睽睽之下，四個在八掌溪工作的中老年工人就硬生生的被水沖走了。往後，這種因為救援的力量沒有辦法即時到來，而使人喪命、使事件無法挽回的事情，會一而再、再而三的在華人社會中發生。

　　因為每一項的社會資源都被國家或資本主義的法則層層的制約住了。所以，我們明明知道社會有多餘的菜飯和衣服，但

是就是沒有辦法解救百分之二十窮困邊緣的人，這是制度把華人們困住了，我們始終沒有辦法動員過剩、多餘的力量，來補救這些生活不足的饑民。八掌溪的幾個亡魂，就變成是制度下命定的亡魂。那麼在這種狀況下的亡魂，不勝枚舉，還有太多太多社會事件來不及被報導，隔天就灰飛煙滅，有太多沒有被攝影鏡頭對準的事件，如果仔細觀察生活週遭每一個可憐的家庭、每一個可憐的人、每一個可憐的孩子，人們也無可奈何，因為無法援救每一個人。明明眼見所有餐廳裡面都有多餘的飯菜，準備丟棄，所有百貨公司都有過季、稍微破損的商品，但是就是無法調度這些物品，來救援一個個社會弱勢、缺乏物資的人。

　　人的每一雙眼睛都是鏡頭，但是這些鏡頭都只觀看、播放，但是無可奈何於社會資源的斷裂或調度。也許華人們還在幻想，中華民族是個大熔爐，就像過去融合邊疆民族一般。我們可以把全世界的資本主義、全世界的企業家都熔進中華民族的世界來，但是這是完全錯誤的估計。自從鴉片戰爭以後，中國民戶打開後，華人就不斷地估計錯誤，這一次，不能再幻想我們會融合資本主義建立一個未來新中國的偉大文明。資本主義是標準的軟刀子，使得華人們不知不覺的沉醉在這一個謎團中，華人已經不知不覺的已經進入到一個因為資本主義而造成的澈底斷裂的華人世界。

　　因為事實上是資本主義拿著大刀把中國澈底的切開、澈底的出租、澈底的利用、澈底的割讓、澈底的分割、澈底的撕裂到永遠組合不起來。這時候儒家的力量一點也沒有用，只是使安分守己、道德至上的人民，更加勤奮的工作，而資源被更快速地消耗罷了。而道家的力量也只能使華人在忙碌、辛勤工作

的生活中，多追尋一點田園的野趣；而佛家的力量只是讓華人相信，這世的努力會讓來生的自己獲得保障，但是這些對於華人的文明維持一點幫助也沒有。

　　鼓勵、和諧化的社會也會盡可能的讓斷裂晚一些來臨。過去歷朝歷代中，有些時代是儒佛互補，或儒道互補，又或者是道佛互補的局面已經不見了，過去的中國社會之所以穩定，除了是農業時代與城邦社會外，還因為華人的儒、釋、道三種意識形態與信仰概念互補，這是華人社會穩定的鐵三角的力量。但是資本主義、世界各種學說進入以後，誰能夠跟自由主義互補呢？連社會主義、共產主義、馬克思主義都沒有辦法跟自由主義互補。

第三條路之華人經濟斷裂的超越趨勢

　　但是**資本主義發展至今，將要成為華人的危機與困境，如果華人想要要建構一個永續的發展，就必須要脫離海耶克式資本主義的發展。**當然今日的中國大陸還在充分發展海耶克熱，還在相信可以融合海耶克和儒家之間，建構一個偉大的文明，使得王朝繼續維持下去。殊不知華人的王朝早就已經被全世界的資本家跟企業家控制了、宰制了、撕裂了，在眾目睽睽之下被偷天換日，而我們完全渾然不知，還在感謝新主人的到來，帶給華人們美麗的生活。事實上是，人民的生活一點也不美麗幸福。

1. 華人要永續發展，就要脫離資本主義發展

　　二十世紀的海耶克生前希望和社會主義的大師進行辯論，

那時，社會才恍然發現社會主義已經缺乏大師級的人物存在。換句話說，我們真正進入了一個海耶克的時代，進入一個資本主義、經濟至上的時代，而十九世紀的海耶克畢竟還未面對環境資源不夠的問題，也無法預視到環境資源不夠的問題。所以海耶克的經濟理論目標只在於讓更多的中產階級升起，讓每個人有飯吃，目的就達成了。海耶克也曾經說：資本主義不是最好的制度，但是找不到比資本主義更好的制度。但是並沒有急需尋找其他主義來彌補的危機。

2. 拉近城鄉差異，進行都市發展，才能阻止斷裂

已經可以發現中國大陸有些人開始覺醒，開始想要作一些彌補，可是中國東半部跟西半部的發展差距還是很大，所以建立各個地方的都市發展計畫是必要的，比如說武漢、重慶、成都、西安、昆明，繁榮這些中西部的大城其實是極為重要的。

台灣當然也一樣，繁榮中南部是絕對必要，目前許多資源都集中在新竹以北。但這是不符合世界趨勢的，經濟發展已經未必要靠過去傳統的方式來輸送，因為現在物件輸送的速度也具有如網際網路般的「跳躍性」的輸送能力。

但是在實際物品輸送上，我們必須面對的是石油危機的困境；石油價格會不斷地往上探，甚至到達每桶四百元美元，到那時，貧富的懸殊會更加明顯。所謂的經濟力量其實就成了「移動能力」。社會底層、中產階級和資產階級的移動能力是非常不相同的，以美國為例說明，富豪擁有直升機，這是極為平常的事情，豪宅的自家大樓的頂樓，就是直升機的降落地點。一部好萊塢電影中，男主角對飾演女主角的珊卓布拉克說：「我將要變得貧窮一些，因為我必須和別人共用直升機，

無法再擁有自己專用的一部直升機了」。這和一般的小老百姓
是完全不一樣的。

　　中產階級與社會底層的差距，可以從出國的次數來作為指
標。台灣兒福聯盟在二○○七年曾作了一項調查，報告指出窮
孩子跟富孩子的家庭的差別，富人家庭一年可以出國兩趟，而
窮人家的孩子成長過程中，連出國的機會都沒有。移動的能力
又涉及到人的視野、觀看能力，以及收集資訊的能力。所以這
也會展現在經濟實力上。

3. 要超越經濟斷層，首要考慮能源問題

　　**華人要超越整個經濟的斷層，在發展趨勢上必須考慮到
能源的不足問題，網際網路就是很好的工具之一**。而為了改善
中國大陸東西部的經濟斷層，或者是台灣的南北部的經濟大斷
層，應該要盡可能的有效建構完善的大眾捷運系統，包括公
車、電車、輕軌、高速鐵路等，這些運用都會使得人們的移動
能力獲得有效的超越。

　　在經濟的調度能力上面，也可以開始有相當程度的鬆動，
現在台灣全部的總存款是二十四兆。但是只要物價上漲一點
點，就會相對影響了幾百億、幾千億的收入開銷。所以，控制
物價與調度貨品是非常重要的，對於國家經濟、存款的影響十
分巨大，以中央政府總預算比較，每一年政府總預算是一兆
多，但是物價一上漲，其實就影響了一年之中一半以上的使用
額度，對於大部分的老百姓來說，只要物價一有變化，對人民
的影響就會十分巨大；所以在二○○七年調降各種稅賦，事實
上本來就是必要的，可是這些對於民生調節並沒有幫助。

4. 台灣不只是科技島，也要是創意島

所以，**經濟的斷層的第三條路，事實上必須要開發各個生活圈發展有效的地方產業或是創意產業，引進各國的精英，把台灣的創意能力發揮出來，建立有效的台灣創意島，這是在台灣可以走出經濟斷層的第三條路。**

台灣除了科技島以外，必須要走出台灣創意島，讓創意輸入在台灣所有層級的家庭之中，因為創意的學習能力，比科技知識、金融經濟知識的學習能力還要快。台灣人許多貧窮的原因一部分是來自於經濟不景氣，但是另一部分是來自於產業的轉型，使得許多人原有的知識已不敷使用，就被社會邊緣化，甚至沒有辦法獲取應有的勞動財，當這時候才想要邁入高科技的列車，其實已經來不及。對於有學習能力者，永遠擁有再轉型的能力，但是學習能力差者的轉型能力事實上是不足的。否則就不會有那麼多人擺路邊攤、開計程車，做一些可以憑靠低技術就轉移、轉行的行業，但是如果大家都投入這些類型的工作，不願意開發新創意，不願去學習新技能，那麼這些產業就會產生過多的人力，反而使得競爭激烈，大家的平均收入下降，大家都沒飯吃。

所以，**整體產業最好的發展辦法是，把整個餅做好，把創意產業擴大，未來一定建構出一個遠景、趨勢，而政府必須要投入更多的輔導就業機制，還有輔導創意產業的就業機制，並且要廣設在各縣市、各村里中，讓這個機制蔚為風氣。**本書前面章節已經提及要以學校作為教育的訓練，除了負責學童成長的教育之外，學校還必須負起輔導創意產業的能力，讓各個村里中都能建構出自己的創意發想，也連結起許多百姓的資源、創意。

5. 完成社群連結機制，開發更多的資源

　　這也是台灣為什麼始終距離「已開發的國家」一步之遙的原因；我們有許多社區社群機制沒有完成，例如：文化創意產業就是其中一個環節。台灣不像國外，有許多跳蚤市場、廢物利用再生產的能力，二手的交換系統也不如國外，這代表資源一定程度的被閒置，也沒有讓家庭創意產品能夠變成社區產品，甚至企業產品的能力。反觀國外，美國、紐西蘭、歐洲等國這類型的創意設計商品就非常多，而且也讓消費者覺得很新奇。

　　如果要舉台灣的例子，目前做得最好的是宜蘭縣。宜蘭的白米社區、羅東的蓮花餐、蘭博家族（蘭陽博物館家族）等，其實都是一種文化創意產業。這些都不是趕潮流、一時興起的民俗節慶「大拜拜風潮」，其精緻化有別於台灣其他縣市盲目舉辦的民俗節慶、民俗商品。現在，我們到宜蘭旅遊時，光是一個縣市，就可以形成帶狀的旅遊，不只是點狀的，一旦形成帶狀旅遊時，就形成一種較壯觀、深入的體驗型態，讓旅客悠遊在其中，細細品味，發展成深度旅遊，並且結合當地消費的一個生活型態！

　　若將宜蘭這般相對進步的社會結構，逐步推廣到其他的華人地區去，甚至包括大陸東南沿海、中西部，使得人民不是只可以作傳統產業或高科技產業這兩種選擇而已。那麼一塊錢的週轉率能夠越快，就會使大家富有的機率越高，如果大家有錢都不流通的話，貨幣的效度也就會下降。

　　但是須注意，**台灣文化創意產業的建構方式，並非百分之百適用於中國大陸**。因為大陸的發展經濟並不如台灣，中國是屬於開發中的階段，除了北京、上海、天津、青島、廣州、深

圳、杭州、南京、寧波、溫州等重要或是沿海的城市，這些城市會逐步富強，所以城市很容易聚集一億甚至兩億的人口，會迅速追上台灣的生活水準。在未來的三十年中，大陸東南沿海的整體生活水平會和台灣的生活水準一致，但是大陸還要面對國內中西部十多億人口的經濟落差。所以中國主要解決的問題為平衡東西的發展趨勢，如現在正進行中的「和諧社會」就是一個重要的指標。

　　要均衡東西部或中南部，必須發展的工具就是網路和交通運輸。在跳躍性的工業時代進程中，運用網路和運用新的模式來建構新的中西部生活圈，使得整個貧富懸殊不至於有過大的斷層，再加上中西部旅遊的開發，是最佳救平華人社會斷層的方式。

第八章 華人世界的文學斷裂及其超越趨勢

其實整個華人世界的文學情況或文化表現也是一種斷裂的型態，這種斷裂的型態，特別是在台灣，可以看到鄉土文學和外省懷鄉文學的對照，若以作家來說，最明顯的對照是白先勇和黃春明。這兩種強烈對比的文學，造成台灣島內文學勢力的強大對立，並且經過激烈的文學論戰。

台灣鄉土文學與外省懷鄉文學

黃春明和白先勇出生年代幾乎是完全一模一樣，但是背景卻大不同。黃春明在宜蘭長大，念師範學校；白先勇小時候經歷過桂林、南京、上海才到台灣來，在台北長大。

反觀鄉土文學世界裡面的小人物，幾乎資源極盡窮盡，他們只要把日子過下去，只要獲得了一點點資源，他們就欣喜若狂。所以在鄉土文學的世界中，具有一種黑色的喜悅，這是因為在困境之中，看到了一絲希望和光芒，這些鄉土的小人物就願意抓著這希望活下去。舉例來說：作家黃春明所撰寫的〈兒子的大玩偶〉、〈看海的日子〉，都是描寫社會的邊緣人，極力設法爭取每一種可能和希望，讓自己活下去的故事。

〈看海的日子〉描述一個妓女為了尋找希望，在所有恩客

中尋找一個最合適的對象，讓自己懷孕生下一個可愛的孩子，用自己賺來的錢為自己贖身，帶著懷孕的希望種子離開妓女戶。這樣的希望在黃春明的筆下展現了強大的生命韌性。

〈兒子的大玩偶〉描述一個父親是從事最傳統的廣告業，要身掛廣告看板，並且穿著小丑裝扮來吸引目光，因此自己剛出生的孩子總是看到午休時間回家吃飯的小丑爸爸，有一天孩子看到卸妝後的爸爸，卻不認得了，為了討好兒子，於是這個父親只好再重新裝扮成小丑，讓孩子能夠快樂的認出他；這是一個黑色或灰色的戲謔喜劇，充滿辛酸。在黃春明的四十多篇小說中，所有人物都是積極地用各種方式使自己能夠活下去，而這些人物最高的層次大概只會是一個小地方的校長，或者是一個公務人員，突顯了鄉土文學世界，要說明在這個土地上更大多數的人是怎樣活著，怎樣面對命運，怎樣解決死亡，以及各種威脅。

相對來看懷鄉文學，卻不是這樣。白先勇所面對的世界，是外省達官顯要到了台北以後的日子。故事中的人物總是一群外省人在懷鄉，想著桂林、南京、上海等故鄉，白先勇三十四篇的小說中，這些達官顯要都有一個共同且明顯的特色，他們都在感嘆生活不如從前、過得沒有以前好。一個曾經擁有大量空間的顯貴，到台灣來好像被困在一個小島，自覺不斷地萎縮，這發生在白先勇的爸爸白崇禧的身上。但是若以本省人的眼光來看，白崇禧已經是全台灣一百名以內的重要權貴，是當時本土台灣人無法達到的榮華，但是白崇禧總認為自己不被重用，成為非主流，受到打壓，自己的桂系系統、派系系統漸漸在弱化，所以資源不斷地萎縮狹小，因而產生憂懼。

白先勇的作品可以看到擁有大量資源的人，透過〈遊園

驚夢〉的片段來說明自己的故國情懷牢騷。他們有自己的小圈子，有不同的語言方式，不同的穿著方式，例如：旗袍、外省麻將、問候的語言，上海話、浙江話、空軍的四川話。這類別的圈子在長期五十多年台灣發展中一直存在。

我們可見到的例子，國民黨在所謂的外省籍統治四十多年，大量的培養軍中作家，如朱西寧、段彩華、司馬中原等，雖屬曇花一現，不過不只這三位，可能數十位、上百位都有。軍中作家包括詩人、小說家、散文家，曾經被列為十大散文家的作家。這些作家所描述的愛國懷鄉的大陸情形，對於台灣來講是具有非常斷裂的情形。因為百分之九十活在台灣這塊土地的人民，沒見過這麼大的土地，也沒有辦法到中國大陸去。大多數的人，透過這些文學作品，被移植了一個虛幻的、懷鄉的情感。熱愛大陸這塊土地並不是錯誤的，對大多數的台灣人來講，原來故鄉就是台灣，已經沒有懷鄉的需求了，可是由於當代文學的創造，使他們被移植了非現實性的記憶，這又是一種斷裂。

「非現實性的記憶」意思是——沒有淪陷北京的記憶，沒有頓時失去故鄉，而不能再重回的情感記憶。可是我卻因為看了這些作品而感同身受，然後被移植了這樣的一個心情。例如梅常明說所說的東北、長白山夜話，或是北京的胡同、山海關……是怎樣的景色，我們都很想知道。照理說想知道的感覺對於台灣人來說，可能和東京、京都、奈良的感覺應該作為同等比喻。日本也作了很多的移植在台灣人的生活記憶裡面，特別是皇民化以後。這種斷裂的狀態裡面，我們可以看到殖民的世界、殖民的記憶觀，在我們文學環境裡面。

為什麼七〇年代鄉土文學作家關心大眾，原先日治時代的

作家大有八十位小說家，他們當時的創作語言是日文，只有一部分作家能用中文創作，但中文的創作量仍非常少，除了鹽分地帶作家林芳年的中文小說超過三十篇以外，當時代的作家大多不超過三篇中文小說，所以小說的影響力有限。

但是到了七○年代情況就不一樣了，生在一九三○年到一九四○年代的台灣作家、本土作家長大了，這一代的台灣作家受了師專教育系統或專科教育系統，到了七○年代作品寫作開始成熟了，年齡大約三十歲左右，開始有穩定的工作，便聚集起來，開始創辦、寫作本土性的刊物。同樣的第二代外省作家，同樣的也創造了如中外文學等幾種刊物，形成兩邊強烈的對比和對話，也包括他們的不相容。大約經過了二十年的努力，這個不相容因為後現代主義的出現，才開始轉變。轉而面對全球化的問題，和新時代的來臨。

文藝政策與當權意識造成文學的斷裂

華人的文學觀的斷裂世界，除了黨國世界的價值因素以外，另一個造成華人文學與文化世界的斷裂的重要原因就是「文藝政策」。最明顯的例子，當國民黨和民進黨執政時期的文藝政策就有明顯的不同；一個是忠黨愛國的文藝政策，一個是要設法獨立建國的文藝政策。兩個政黨執政時期的文建會風格是天差地別的。

國民黨時期的文建會，積極補助這種外省籍相關的文化或是電影視覺藝術的拍攝和投資；到了民進黨時期的文藝政策，則是積極補助各種地方型態的、地方文化的發展，這使得台灣各大學或是台灣文化所受到的補助型態，在二十一世紀開始分

為兩種截然不同的面貌。也就是說這是一個關鍵的分水嶺，使得舊有的文藝政策所主導下來的文學勢力或是文化勢力，被重大的改變。舊有國民黨所培養的外省精英或留美精英、不管本省外省以忠黨愛國為主軸的精英、以國民黨為核心價值的文藝政策所培養的精英，到了二十一紀以後瞬間的釋回。

　　這遍存在各種不同的文化向度上面，包括建築、土木、視覺藝術、美術、設計、文學、語言、文化相關產業的各種研究，它甚至也影響到各種休閒產業的研究，也就是說它無所不在的產生了彼此的斷裂關係。那麼這種文藝政策的斷裂關係，放在香港、放在澳門、放在中國大陸，甚至放在沿海地區和內陸地區，也都一樣有了差異。

　　最明顯的是，北京的文藝政策不同於上海的文藝政策，上海的文藝政策也不同於廣州的文藝政策，它們在要求的尺度上是不同的，大都市來說，中國大陸的文藝政策最為寬鬆自由靈活的是南京，反而上海具有最高的經濟發展力，其文藝政策的緊張度卻是最高的，新聞檢查的嚴格度也是最高的，可是在廣州這邊，我們也以為它是非常影響開放的，但其實它的嚴格度也十分接近上海，那麼這樣的文藝政策主導之下，也使得文人的投入會不斷地因為政策而改變，可是改變之後，就不會簡簡單單的瓦解和散去，也就是說在國民黨時期所培養出來的文人，它一樣會在國民黨下野以後持續的聚點在一起，會像一撮一撮化石般的孤島凝聚在舊有的空間之中，形成了整個華人文化世界、文學世界的斷裂情況。

　　一九八七年整個時代環境不同，接著是李登輝執政，使得整個時政用人的脈絡不同，二十一世紀民進黨執政。二十世紀以後台灣文學、鄉土文學、本土文學成為顯學，可以看到又是

一個強大的斷裂。過去興盛一時、紅極一時的作家突然邊陲化
了，最明顯的例子如張曉風。張曉風二〇〇七年才剛滿六十五
歲，而且還在陽明大學任教，是當時十大散文作家，他就讀東
吳大學中文系時即得了許多獎，而且平心而論，張曉風的散文
確實很不錯。作品可歸類為閨秀文學或娟秀文學。另一位作家
是琦君，琦君的散文在八〇年代、九〇年代紅極一時。但是現
在呢？琦君的作品幾乎不再被討論。若說琦君因年邁了或不再
活動了而退流行，此理由尚合理。不過，其實她人還在大學擔
任副教授，而且還經常在活動。另外，在外省優秀女作家如瓊
瑤，她如果不靠流行的戲劇界來支撐她的文學，她的被閱讀性
將大大的下降。

　　**鄉土文學和懷鄉文學對立和斷裂的狀態，這種斷裂的狀
態始終沒有被彌補過。**余光中所代表的外省作家，以及葉石濤
所代表的本省作家，兩邊處於無法融合的狀態。可是在新的策
略下卻被整合了。台灣島上所有的文學創作都是「台灣文學」
的研究範疇。台灣文學研究的研究者也可能是外省第三代、第
四代的研究者，也可能是本省籍或高山族。在這個多元文化之
下，它開始有些模糊的世界。為什麼這個斷裂沒有完全破局
呢？第一代、第二代、第三代作家，大有人在，他們的記憶沒
有完全被割開，因此這個斷裂繼續存在於整個文壇、文學界、
文化發展之中。

　　此外仍可看到一種斷裂，在於中國大陸的三合文學，這種
三合文學代表斷裂的痕跡。現代小說一直發展到十九世紀有一
種大的斷裂，在於高壓的政治統治，最明顯的表現就是文革時
期的文學。對於文學種種有隱喻的各種表現，我們可以將文學
作對比的，而不是競爭的。不是競爭的原因是彼此沒有對話，

只是在同一個狀態底下有一個對稱的分布。在文學史上的專有名稱是監獄文學，監獄文學最明顯的代表是姚嘉文。

姚嘉文是考試院院長，他在監獄的服刑期間，竟然寫了三百萬字分成七冊的小說，而且和中國歷史結合在一起，用極為隱諱的方式來諷刺當局，他隱諱到極不容易看出來。我們都知道姚嘉文是學法律的，他在獄中為了讓自己的腦袋不生鏽，特別用史學的考據方法，並以他手邊可以拿到的文學作品作參考的情況之下，來鍛鍊自己的文筆。據姚嘉文院長自己所說，他們在監獄中可以看到各種翻譯的外國文學，世界著名的小說文學都可以看到。所以他就吸收這些外國翻譯文學的技巧，然後表現在他的小說。有一大批人也在監獄中完成他們的小說，或以監獄的經歷來完成自己的小說，包括施明德的二哥施明正，他的小說也極具代表性。

姚嘉文的《台灣七色記》長篇小說中，最著名的是《黑水溝》，講的就是台灣海峽。整個中國移民的歷史，一直到台灣的種種發展，融合在《台灣七色記》裡面。我們看到這樣的監獄文學，為當時的政治迫害作了一個非常鮮明的烙痕。我們看到這種斷裂狀態就以鄉土文學和監獄文學作為一個最重要的代表。對兩岸來講，它永遠沒有辦法抹除，這可以看到小說或文學的重要性。**時代再怎麼進步，電視劇再怎麼發達，網路再怎麼發達，小說是沒有辦法被取消的。原因是它代表一個時代的心靈和一個時代的精神。**即便它是以網路發展，以網路的方式銷售也是一樣，文學的價值是沒有辦法完全被抹煞掉的。

文學寫作技巧、語言使用不同，產生分裂

　　現在可以討論的是寫作技巧上的斷裂。最明顯就是由於懷鄉文學或是鄉土文學，他們共同有一個使用的技術就是寫實主義。可是本土作者的寫實主義和外省作者的寫實主義所運用的技術其實不一樣。語言的表現方法，有明顯的差異。本省的寫實主義有一個困境是要不要使用閩南語，或是客家話，或是高山族語言，一旦使用的時候，它的文字怎麼表達，這個特別性就會有困難，因為沒有定案。還有一個問題就是會減少他的讀者，於是我們就看到，所謂的寫實主義，在鄉土文學的發展之下，到二十一世紀出現了另一種文學，即「台語文學」。

　　這種台語文學很可能即連會用台語演講的人都有閱讀上的困難。筆者認為全台灣會用台語演講的人不到一萬人，所以他的讀者會在一萬人以下。於是可能的讀者、具有閱讀條件的讀者，當然和黃春明那個時代具有閱讀條件的讀者不一樣，黃春明那個時代具有閱讀條件的讀者在百萬人以上，甚至在五百萬人以上，凡是能看得懂國字的人都能閱讀。我們看到那種寫實主義，就產生那種斷裂，來自語言的斷裂。

　　這種語言斷裂有一個關鍵性，就是本土的沙文主義，或是河洛語族一枝獨秀的沙文主義。河洛語族基本上認為閩南語才應該是國語，它忘記了它作為一個被壓迫者，這時候想要揚眉吐氣，它同時又壓迫別人，壓迫了誰？最明顯就是壓迫客家族跟十三族的高山族。可是別忘了，他同時也回頭壓迫外省族群，包括蒙古族、藏族，我們還有蒙藏委員會的存在。在台灣這個地方是二十多個民族，所謂多元民族所形成的共和國，用

一種語言壓抑其他語言，就會形成斷裂。不代表其他族沒有意見，是他的意見不夠大，沒有辦法形成主流聲音來與之對抗。所以人們可看到寫實主義內部的一種斷裂，來自於所謂的民族主義，或嚴重的由河洛語族所形成河洛語族的文學敘事。

可是除此之外，寫實主義還有一種斷裂，就是「非現實主義」。何謂非現實主義，就是表面上是現實主義，實際上是幻想。比如說寫實主義所強調的是人要有一個理念，可是有人藉著寫實主義之名，非現實的書寫。最明顯的就是來自懷鄉文學。懷鄉文學為了懷鄉，必須美化自己的故鄉。沒有人會醜化自己的故鄉，因為他懷鄉。所以我們看到白先勇筆下的故鄉的情人，那個沒有來得及逃出來的未婚妻或者是女朋友，總是長得乾淨漂亮、優雅、氣質高尚，那麼令人覺得懷念。看一眼她的照片，每個人看到都會覺得劇中的男主角真是應該要娶到那樣的女孩子，沒有娶到那樣的女孩子真是太大的不幸。

對照現實生活上的需要，娶了本省籍的女子，他依對照馬上就是一個知識低、沒有文化、氣質不優雅的、咬字不清晰的、國語說不好的，成為某種審美觀的一種價值上的歧視或是偏差。最明顯的是我們看《暗戀桃花源》，劇中男主角娶了閩南女子作為太太，但男主角總是懷念昆明的女朋友，她是如此的優雅，有個美麗的名字「雲之凡」。但是，閩南人太太一出現，就是台灣國語，走路看起來很不優雅；而二〇〇七年的版本，本土太太變成客家人，一樣的老土模樣沒有改變，只是講的是客家語言。

懷鄉文學結合強烈的非現實性、幻想主義

　　非現實是由於懷鄉文學的存在，總是把寫實主義和幻想主義結合在一起。他的寫實主義是用在把故鄉美化，把故鄉的一景一物都說得好的不得了。這點最大的落差就是一九八七年，兩岸探親開放以後，加上大陸旅行團去了以後，很多人帶著歷史課本裡面的憧憬到大陸去，都大失所望。當然公安要付一定的責任。我們發現懷鄉文學有太強的非現實性，它對本土有太高的偏見，不夠實際。本土文學始終對這樣的文學有意見，也知道這樣的文學所產生的文化，或是政治人物所有的言談，比如他們說馬英九之所以閩南語都說不好，是因為從頭到尾就沒有想學的意願，如果有想學的意願早就學好了，不用現在才學怎麼說。這樣的論述也是很多價值觀所造成的，彼此之間有非常多的偏見、歧見或不可溝通之鴻溝，這就說明，由於寫實主義和非現實性的描寫之間所產生的斷裂情形，雖然都用寫實主義的筆調，可是所作出來的成果卻有現實與非現實的兩大區別，而現實與非現實中，又充滿了所謂本土的、外省的、幻想的、勞動的、各種二元對立。

　　於是，在幾組二元對立的情況下，交互組合之後，它就成為幾十種甚至幾百種的組合；所以它的斷裂和分裂，一旦交互組合起來，將形成一股巨大的張力，也就是多種或更多的交互組合關係，這種交互組合就形成更大的分裂型態。在本島、台灣內部，把這種分裂型態和大陸交互組合，那種分裂型態就更多。

　　我們面對一個歷史上罕見的分裂和複雜情形發生在台灣島上，這點在中國大陸的中南海，最近終於漸漸的認知到，發現

台灣的複雜性可能不亞於整個中國大陸的複雜性。大陸民族數量雖比我們多，但其複雜性並沒有台灣島那麼激烈。單從文學上的說理，若只從本省人的世界去看，也有斷裂。最明顯就是，台灣人所使用的寫實主義和從日本人的寫實主義是不一樣的。

日語和漢語使用習性的斷裂

日本的寫實主義是改造過後的自然主義，最具代表性的就是左拉和莫泊桑。法國的左拉，最有名的作品就是《酒店》和《娜娜》這兩部小說；莫泊桑最重要就是短篇小說。自然主義重視精細的、細微的環境客觀性的描寫，還原自然的環境的書寫，而不添加任何東西；但寫實主義卻沒有很高的境界性。可是為什麼在日本接收寫實主義主要集中在自然主義？原因是當時日本明治維新之後，正好左拉和莫泊桑興起，而在世界已極著名的巴爾札克和福樓拜這兩個重要的寫實主義大將，已經稍微退了溫度。

日本屬阿爾泰語系的曲折語，動詞放在後面，是一種中間可以不斷轉折的語言。這是極為精細的語言表現；這種極為精細的語言，非常適合於自然主義的使用。在台灣原本使用日語創作的作家，如龍瑛宗作家，我們對照日本自然主義大師的作品，用日文相互對照或中文翻譯相互對照，會以為是同一個人寫的。他們以日文寫作時，和自然主義是相同寫法；當用中文寫作就非如此，中文的動詞不在最後。而漢藏語系更不適合用自然主義寫法來創作，因為漢藏語系較具有模稜兩可、較為簡潔的、幾個文字即充滿意象。所以本土內部的寫實主義也有斷裂，即自然主義和寫實主義的斷裂，筆者稱之為福樓拜和莫泊

桑的斷裂，更重要的是日語和漢語使用習性的斷裂，此為文學上第五種重要的斷裂形式。

此外，文學家所描寫的都市也產生斷裂。最明顯的是林文義和宋澤萊兩位幾乎同年的作家。林文義所描寫的是台北都會區，而宋澤萊所描寫的區域是彰化以南到屏東。宋澤萊描寫精準面對本土的城鎮、本土的景象。鄉土作家林文義則面對了台北都會區，他的淡水河是接近香江的；宋澤萊描寫的《打牛湳村》是極度本土化的。他們兩位同為本土作家所描繪的都市城鎮經驗內部也是斷裂的。更不用說外省作家和本土作家，其斷裂更是顯而易見。再加上外省作家大多有出國的經驗，因此他們所描寫的國際都會的經驗，留學的各種美好；相較於本土作家，他們可能上一個師範學校都極不容易，如此情況下，他們的城市觀是很不一樣的。例如：王禎和的花蓮，讓人立刻想到一群等待美軍來嫖妓的《玫瑰玫瑰我愛你》的應召女郎。黃春明的宜蘭，讓人聯想到《看海的日子》；想到廟裡的羅漢腳都比不上敲鑼的黑欽仔這樣的人物，筆下小人物命運是如何乖舛。

由這些本土性的城鎮所透露出來的意象，是無法跟白先勇筆下去芝加哥念博士是如何辛苦，忘記女朋友長得什麼模樣，這兩種世界的對比性太強了。兩方的經驗，時空是無法共融的，也不可共量的，這種斷裂也是台灣文學上的一種情況。

武俠小說世界的斷裂

武俠小說是七、八〇年代台灣重要的文學之一，武俠小說的黃金時期是七〇至九〇年代。為什麼九〇年代到二十一世紀無法再成為主流，因為網路世界無遠弗屆，以及整個電視數位

化、數位影像、手機的興起，打亂了以前武俠小說愛好者的世界。過去媒體不發達時，武俠小說是許多人寄情的場所。最重要的兩個代表是古龍和金庸，以及溫瑞安這些武俠小說家。武俠世界基本上所描繪的都是中原，沒有以台灣為場景的作品。所有的派別峨嵋山、華山、鍾山等，這些都是在中國，或是在遠一點的大理、雲南，卻總不見在閩南一帶，最有趣的是，寫武俠小說的作者也鮮見是福建人。

　　整個武俠小說世界基本上是以中原作為一個核心的價值，除了中原以外，似乎都帶有非正道的色彩。這隱含了一種價值觀存在，這又是另一種斷裂。我們看到西域或大輪法王、金輪法王等，各地方在價值上都很難趨於正統。始終有一個中原的、極度的情結，「中」就變得非常重要，例如王崇陽此一角色，中間的中是多麼重要。華人深深的被烙上武當、少林，天下最名門正派的兩個武林正宗，一個是在河南省，一個是在湖北省，中原又再度的跳上來。另外的泰山派、峨嵋派都是標準、傳說中、重要的中原文化聖地。一提到歐陽鋒就想到蛤蟆功的西毒，還有偏遠一點的桃花島——東邪，沒辦法很正常，總是看到這樣的情況，代表北邊的洪其棟是個乞丐，我們總是沒辦法看到完美的形象，原因是正統核心的觀念造成的一種斷裂性。

　　其實在七〇至九〇年代基本上很多武俠小說的讀者都是台灣人，大陸卻不准出版是最有趣之處。所謂中原正統，除了少數從大陸到台灣來的人知道中原長得怎樣之外，其他台灣人都不知道中原的風貌。可是武俠小說實在寫得太有吸引力了，比當時老三台好看許多，在這種情形之下，武俠小說令人陶醉。

　　小說中的張無忌能夠大難不死，在宮廷之上救出所有的魔

教教徒，再跟正派六大門派對打，唯一只有小時候餵他吃稀飯的周芷若才能刺傷他，在他血流如柱、武當派準備一躍而上攻下他之時，武當派的師伯師叔發現張無忌是自己人時，立刻坐下來將內功輸給他，吸取好了之後，再把內功輸給師叔師伯，表示內功很高超。這些劇情太棒了，讀者認為如果能出現這種江湖奇俠，領導統獨兩邊的話，問題不就解決了嗎？武俠小說產生現實時代的斷裂，可是終究夢會醒來的。張無忌始終沒有在現實生活中出現，泛藍共主就不是張無忌。選舉出來發現左邊有一個太上老君是連戰，右邊有一個天尊是王金平，也會冒出一個齊天大聖孫悟空，也就是自由自在的宋楚瑜，始終就是沒有理想的張無忌出現，來解決生活上的困難。所以武俠小說所形成的文學斷裂，像遊魂一樣，在我們生活的周遭出現。

選舉文化影響城鄉文學、文化意象的斷裂

這種斷裂情況出現在八〇年代解嚴以後的台灣，我們可以看到另外一個為選舉文化所影響的斷裂世界觀，更嚴重的是近二十年以內民進黨這種草莽式的選舉文化策略，只要贏而不在乎任何摧毀的選舉文化，這種選舉文化觀又反過來影響到整個城鄉的文學、文化意象的斷裂，也就是說它只要搶攻看到灘頭堡，它在各種文宣的書寫上面，**並不在乎它割裂了整個文化精神，甚至是消費了道德、消費了良知，消費的是我們社會的共同價值，它都在所不惜，因為它的目標就是要「贏」，是它唯一最高的價值。**

如同台獨大老辜寬敏曾說「本土執政就是最高的道德」，這指的是同一種價值，但是所有的文宣書寫。所有的廣告，就

都形成我們所謂的文學文化表述的一個部分，包括所有的宣傳單，我們可以有一種研究叫作宣傳單的文學，宣傳單的文化，或是各種選舉的語言、選舉的文學、選舉的文化，此部分廣義的來說，都是文學或是文化書寫的一個部分，這個部分在近二十年來，充分的呈現它是片片柔腸的割裂，星羅棋布的孤島，站在台灣所有的城鎮裡散發的傳單上面，所聆聽的各種選舉語言之中，而這樣的語言又散播在網站上數位化，數位化以後又返回到中國大陸的網路世界，他們又吸收到這樣的部分來互相批評或者是透過這些斷裂的內容來瞭解台灣，來進入台灣的世界，於是我們可以看到這種交互斷裂性，透過選舉文化、文藝政策、黨國價值世界、文學的翻譯世界和地理的所在世界、語言的使用世界，交互的形成了各種斷裂的情況，也就是嚴重的不連續，在華人的世界裡面早就已經如實的展開來了，我們未來絕對不會進入一個連續狀態。

斷裂永遠只會是斷裂，它不會終結，真要終結的方式是什麼呢？是形成是一個更大超越的統合，才有可能終結，必須要產生新的議題與新的發明或者是新的結構，才有可能產生新的統合。這種新的統合，在文化文學的書寫上面，我們必須要基於人類文明的共同發展而擬出新的統合書寫，這種統合並不是統一，而是使得彼此可以交流，由於數位資訊的進步，我們可以透過網路的介面來形容這個不得不統合的現象，這個所謂不得不統合的現象，還會由於語言翻譯機的發達而形成。

人們只注意中英或英中翻譯機的發達，也許有一天有台語文學翻譯成北京文學的發達，它一樣的被瞭解，換句話說，新的資訊介面發展，或者是新的產業的發展，或者是人類新的拒絕斷裂之欲求的發展，可能會推動我們一個新的統合的局面，

當然在這裡面會有新的行業出現，會有新的活絡於整個大華人世界串聯者的曲線，不管是從企業、從政治，從任何一個行業的各種角色，都會出現新的統合或者是串聯的建構者，這種建構者絕對不能等同於掮客，也不能等同於是騎牆派，而是在建構一個新的華人社會的可能，也就是建構一個新的文化交流可能，建構新的閱讀可能，建構一個新的全方位書寫可能。

全方位的書寫，新的閱讀統合世界，也就會形成一個新的經濟社會型態，當然對應者，各個所在地，也就必須提出新的政治、經濟以及社會的政策來對應所謂的新經濟型態，這個新經濟型態將加入在新的世界性體系裡面，形成一個新世界體系的環結。換句話說，華人世界由於面對自己的斷裂情況，必定會重新擬出一套新的統合而進入到新的體系之中，新的世界體系會因為華人自我面對斷裂世界而改變，這個改變可以有效的提高貧窮者的生產力，數位化的連結會使得許多貧窮飢餓的人受到照顧、受到關懷，或者是弱勢者也會在這個過程裡面有被更高度關懷的可能。

人性所產生的非現實性的需求欲望結構

同樣的非現實性如歌仔戲和布袋戲的情形，這中間又有一段布袋戲重新興起，就是霹靂布袋戲。黃俊雄的下一代黃文擇的霹靂布袋戲，一段時間又奇蹟般的出現。不過同樣的，到了二十一世紀，沒有辦法再那麼興盛。後來，霹靂布袋戲使用非現實性的聲光效果，讓非現實性的布袋戲又攀上另一個巔峰，這情況猶如裴勇俊超越了瓊瑤一樣。這說明了人性所產生的非現實性的需求欲望結構。

　　科幻小說的倪匡，偵探小說、推理小說最著名的亞森羅蘋。最重要的是林佛兒所創造的有關推理的作品，包括林白出版社也形成一種斷裂。在高壓政治統治之下，我們無法好好創作作品，改變為寫科幻、偵探、推理的作品，這也是可以經營的文學世界。這種情況讓寫實主義進入了另一個夢幻王國裡，歸根究柢是同一個邏輯，這又形成文學世界的一種斷裂。最後我們可以舉出來的歷久不衰的鴛鴦蝴蝶派的斷裂。鴛鴦蝴蝶派到了二十一世紀後改成有限電視的偶像劇作代表，例如：最近的電視劇｜《轉角遇到愛》、《換換愛》；或把瓊瑤再度更精細的改編，如：《又見一廉幽夢》，它使得我們的文學世界有了一個和現實上巨大的拉扯。

　　文學世界的斷裂性是好是壞，我們不需要去界定它，但是它是一個事實，是我們文化裡面一個具體現象，是不容忽視的。當面對我們的文化時，如何去面對這些斷裂所產生的效益。但是居心叵測的人是利用這些效益，獲取他的個人利益，或許是選票，或是形成民族主義的領袖。心地良善的人，是設法超越此斷裂，為文學上的斷裂架設橋梁，使得大家在到下一個歷史階段時能夠順暢過渡。最後到底是居心叵測者勝出還是正確認知者獲勝，這就看策略家贏，還是陰謀家贏。

第三條路之文學斷裂的超越趨勢

　　文學書寫的斷層，在兩岸主要是因為一個政治的情勢的割裂所造成的，在台灣內部也是一樣，有所謂的軍中作家跟香港作家這個斷層。當然在過去的歷史裡面，是無與倫比的巨大，但是在二十一世紀以來這兩邊的趨同愈來愈明顯，而且網路的

交流，網路小說幾乎已經是沒有分際，繁體與簡體之間的轉換也非常的方便。這樣的創作精神的一個翻版自由市場，但這樣的市場也隨網路世界的興起，以及有線電視的出現，大幅銳減。

1. 網路、有線電視可解決文學斷裂情形

文學斷裂到何時才告一段落呢？就是網路世界來臨時。遠流出版社所出版的金庸武俠小說，在網路大量興起時漸漸沒有銷量。遠流出版社在一九九六年曾表示什麼書都可以不出版，只要靠不斷地再版金庸的武俠小說，就可以養活全公司幾十個人。尤其凡金庸小說改編的電影、電視武俠劇上檔，出版社就必須向全台灣調紙，以才能再版金庸紙本小說，以趕上市場需求，這即是當時的盛況。這盛況好比史艷文跟楊麗花在六〇、七〇年代的演出，我們尚且留意一下，楊麗花歌仔戲轟動的終結者是為夫婿洪文棟的參選。當洪文棟參選時，楊麗花還在國家戲劇院站台，免費演出請大家看。到了洪文棟不再參選，楊麗花也因為年邁而使歌仔戲轟動的情況不再。而今已不再如從前了。

大家共同面對的是現代的世界生活村，以及這個新世紀文明的到來，新的網路世紀的到來，新的流行文化的到來，所以各種文學流派因為都已經如實的在我們過去的一百多年裡面演化過了，所以大概大家已經不缺文學手法了，而且也厭倦各種文學手法的再實驗了，接下來是怎樣如實的表現各個城市、各個城鎮、各個鄉間以及真實的人性故事，所以，**文學斷層的超越趨勢、第三條路不但是已經出現了，而且是已經具體的有了非常多的書寫**，但是除了上面所說的這種發展趨勢以外，其實還有一個角度值得我們注意的，就是各種方言文學的書寫，包

括原住民文學的書寫、台語文學的書寫、客家語文學的書寫，我相信還會有非常多大陸少數民族語言的書寫會出現，那這個對於所謂的差異文化，或者各種民族文化的保留，其實是有幫助的，這也是另外一個文學斷層的跨越和新趨勢的表現。

2. 擺脫意識形態，鼓勵各種文學、各種語言創作

　　過去的文學斷層是基於意識形態、基於國家主義、基於政治情勢的斷層，那麼未來它的差異化不再是一種斷層，而是一種多元化的表現，表現的是一種創意，那麼它關懷的同樣會是人性，只是在書寫的語言上不同，所以我們可以把各種民族語言的書寫和外國文學等量齊觀，同樣是面對人性，我們不覺得沙特的《嘔吐》是因為法文的不同而和我們有任何存在主義上的、種族上的差別。所以語言的使用不同，並不足以讓我們產生隔閡，政治意識形態的斷裂，才會造成我們在文學上的隔閡。所謂為藝術而藝術，還是為人民而藝術；文學作品是寫實的、還是超現實的、非現實的這些爭論，其實都在二十一世紀會完全消失，我們發現這些都是意識形態之爭，因為這些表現手法通通都是我們需要的；同樣在藝術的表現型態上也是這樣，不管是寫實的或是非寫實的；現實的或是非現實的，各種超現實的手法，通通都是我們表現上可以選擇的項目，歸根究柢都是我們可以投入興趣，藝術創作能力的一從屬選項而已。

　　這些寫作方式我們甚至可以融入在同一部作品裡面，比如說一部長篇小說裡面，有兩百個單元，每一個單元有不同的敘事角度，不同的文學手法來表現，形成兩百多篇短篇的小說，但是又是一個共同的長篇小說，又被區分為八個中長篇小說，完全是可能的！所以這些手法都是協助我們表現得更為良好，

所以把這個小說的手法作為一個意識形態。實際上是非常的落後，我們完全不需要再把它奉為圭臬，當然也沒有這麼愚蠢的小說家，還要奉行哪一個文學理論作為圭臬，或奉行哪一種文學態度作為圭臬，因為創作「就是要自由」才能夠創作出更多的作品出來，創意本身就在超越各種形式的藩籬，創意本身就在超越各種典範的藩籬，所以我們見到兩岸的創意競相飆漲，甚至引進日本、美國、英國、法國、韓國、義大利，各種有創意的產品進來。

　　二〇〇七年北京城外曾經進行八達嶺長城上面作服裝的走秀，可以說是一場世紀走秀。在過去，長城是兵戎之地、見險之地，區隔了所謂蠻族與中國漢族，是文明與野蠻的差別，如今卻在長城中間的走道上，卻能走起流行服裝秀。

　　所以，**野蠻與文明的差別在這裡面已經不見了，我們用了一種解構，用了一種差異，融入在流行文化裡面進到一個全新的紀元，所以中國大陸體現這樣一個趨勢，這原則上也是這樣的一個趨勢，我們會有一個新紀元的出現，這新紀元的出現不再是文明、野蠻之間，不再是現實、非現實之間。**

第九章　華人世界的文明與美感斷裂及其超越趨勢

斷裂是在連續釋放人們的不正當能量，當能量沒辦法釋放時，就會形成各種斷裂。因為要貫串連續，就必須要不斷地累積，可是其他的能量如何釋放呢？只好透過各種斷裂來釋放，所以我們的權力變成是一種世襲關係。

連續的歷史，卻處處顯現文明的斷裂

我們永遠有一個遙遠的記憶在傳述著，這個傳述造成各個社會體系、各個脈絡一種似乎永無止境的連續跟綿延。這種綿延感會造成各個社會架構上沉重的壓力和負擔，於是人想要突破，就會造成各種斷裂，這就是一種差異的欲望，這種連續和斷裂的交替出現在中國歷史中分久必合、合久必分，也出現在其他的社會、政治、經濟、文化的領域裡面，都是按照這個形態具體的展開來。

中國就形成一個以這種斷裂和連續交互更替的方式，來作為歷史進行主要的主軸，當數位知識時代來臨，就會終結這一切過去的斷裂，但是又進入了一個全新的斷裂。數位化以後的世界，就改變我們過去傳統的秩序，或者是傳播方式，以及思考方式，也改變了我們傳統的權力結構，例如：六四天安門運

動的時候，之所以還可以關起門來殺那麼多人，是因為網路還不盛行，而現在再也沒有辦法封鎖網路的消息。現在任何一個小時內的事情，網路都可以瞬間的通告幾百萬幾千萬的網友，可以傳播到全世界，還有各種互動式的交流傳播，都已經沒有辦法封鎖消息。

消息的暢通性，使權力難以專斷化

所以**消息的暢通性，使得權力很難專斷化**，眼前的台海兩岸政治斷裂情況是一個最後的斷裂時代，也就是舊有的權力方式的最後一齣爛戲。但是仍然必須拖過整個世代才會終結，直到數位資訊遍及在整個華人世界以後，這個世代就只好終結。這個時間大概需要三十年，就是一個絕對斷裂的時代的到來，這個絕對斷裂時代就終結掉那個連續斷裂、不斷交替的情況，是真的經濟知識、數位經濟的時代。屆時大家重新思考在數位的世界裡面，變動不拘的權力關係是什麼？也就是說沒有絕對權力的時代是什麼？

試想一下誰是全世界網路的主宰者？沒有。也沒有人能夠說全世界有多少部落格，它無法被計算。過去被計算的難度有兩個，第一個是上帝說不清楚人間有多少個基督教教會？這件事如果透過社會學家的努力，還可以掌握，透過普查的能力還是能掌握；二者是道教裡面，玄天上帝的分身到底有幾個？在世間到底有多少塑像？我們的觀世音到底有多少塑像？這個也可以透過社會調查來加以解決。可是，我們終於到了一個即使動員社會學家、動員社會工作者，也難以解決的時代，就是我們弄不清楚有多少的網站？有多少的部落格？每天這些數位訊

息是怎麼穿梭的？我們並不知道。

數位化工具，改變整個人類文明與文化機構

未來，「互動電視」也要推出了，每個人的手機都是一個有線電視台，用手機就可以拍攝自己的節目，然後進入到數位的世界裡面，去成為有價的演出，或者是與他者交換。不到三十年這個時代就會到來，而且會影響到整個經濟、政治、教育的型態。

最終的勝利者是電腦網路和電視的結合，最終的勝利者是手機和所有金融卡、信用卡的結合。從金融到各種演出、生活的需要到各種買賣，最後都會整合到數位世界裡面去，有線電視盛極一時，到今天十多年很快地就會走入歷史，這種走路歷史，就會像過去的大報社曾經盛極一時一樣，從來沒有人想到《民生報》竟然會關門歇業，從此不見，數位的時代摧毀了太多的事業，**所有可以數位化就解決的事業漸漸的可以把許多人力都加以淘汰**，最明顯的就是會計部門、法律部門，可以很快地被數位解決。

過去的人，沒有辦法想像輸入任何一個問題，電腦就可以跳出來一些相關的答案，不管你是用中文、英文或日文，都可以用人工智慧的方式來回答，以後這種人工智慧的廣度和寬度會更快速，早在七年前大英百科全書的直銷部隊應聲而倒，台灣的出版界原來最大型的出版公司都是直銷出版公司，結果一家也不剩。所有直銷型巨大書籍圖片式書籍的大型出版公司，曾經的財力都是在十億以上，在數位化以後全數倒閉，無一倖免！我們沒辦法想像擁有十億以上的資產的大公司，可能沒多

久，就會負債而逃。

　　表示資本主義的市場發展到數位世代後，又進入到新的典範，呈現一個新的斷裂時代，這個新的斷裂時代是會淘汰所有舊的機制，連知名的廣告公司，在討論到數位廣告的時候，也不得不啟用連僅只有二十幾歲的專業人才，作為他的副總經理，多麼有廣告創意的人，都沒有辦法跨過這數位的鴻溝，除非你再花幾年的時間去學習數位的知識。

　　數位知識的時代所轉換出來的，不管是文化、政治、經濟，任何一個形式都沒有辦法用舊有的知識的聯想力或創意來加以彌補，這個時代會改變整個華人的斷裂期，而這個時代就會在目前年紀是五十歲以下的人活著的時候，活生生的來到我們的身邊，而且與日俱進，每一年都會有所改變。例如一九九七年台灣的信用卡熱潮才剛剛開始，拿到金卡就相當的不得了，二〇〇七年華人世界中，白金卡已經是極為普遍，一個人擁有十張二十張都不覺得新奇，之後竟然還出現無限卡、世界卡、鑽石卡、頂級卡等的新東西，而且拿了卡片還可以到便利商店去用點數兌換產品、兌換飲料，信用卡也早已經和金融卡二合一，還要和捷運悠遊卡等其他各種各類的卡片合起來。

科技整合，連結每一個生活與文明活動

　　這種整合性可能會無以復加的蔓延開來，或許哪一天信用卡是以扣點數的方式呢！這種無遠弗屆的數位變化，就像雨後春筍般地長了出來，所以我們就要全心的去學習新的知識，換句話說，每一個科系可能都要數位化，包括最傳統的文學科系也不例外。

因為我們知道已經有了網路文學，所有研究網路文學的人無不感覺到他和舊有的文學史是斷裂的，也就是這個全新的文學時代，誰能說網路文學一定遜於紙本的文學呢？沒有看之前誰能說呢？網路上的創意原本是大家所看不起的，現在居然成為最大的銷售通路，亞馬遜跟博客來網路書店的書籍銷售幾乎擊垮了全世界的書店店銷。以台灣為例，兩千多家的書店在十年之間就萎縮到約一千家以內。二十年前最大的連鎖實體書店，在網路書店的折扣戰下，也有經營困難。這說明了數位時代的改變，使得很多才覺得是方興未艾的新新產業，馬上因為追隨時代的腳步不夠快而被淘汰。

科技、文明汰換速度措手不及、毫不留情

時代俱進，大家已經對任何老店沒有忠誠度。才剛剛興起的台灣平價咖啡蛋糕店，如：85℃，現在已經覺得勢力龐大，另眼看待，不遜於麥當勞或者肯德基，對於消費者、閱聽人來說，斷裂的時代是毫不留情的，它是一個缺乏老鄰居的時代，它是一個缺乏老朋友的時代。它可以不斷地提出新的議題來建構新的票友制，懷念的舊時代已經不是這個時代的主流，這是一個澈底斷裂的時代。我們必須在學校裡去學習每一個科系如何數位化，一個無法數位化或一個在數位化後被全面取代的科系，最後就會被整併，例如，也許有一天會計系只是資訊類系中的某一個組別，或者是幾門課如此而已，也許有一天機械系、企管系都會如此。

對於全球前五十名的國家而言，這一天在三十年內就會快速到來，甚至十年內就會到來，因為電腦資訊的進步實在超出

了原先人們發明時的想像，一九八〇年電腦才剛剛興起，以為電腦普及的時代將在五十年後，但是竟然不到二十年的時間，就以不可想像且超乎預期的速度與功能飛快而來。

全世界新的文明將會跨越舊有的中國，獨特的連續斷裂的歷史發展模式，而建構一個新的世界文明，這是以地球為村落的數位世界，所以地球村似的數位世界將會取代華人的獨特文明。

不久的將來，所有的文字之間可以輕巧的轉換，在未來的三十年中，完整的語言翻譯系統相會被創造成功，因此外語科系的重要性就會立刻下降，但首要的幾個對話的語言會先建構的是中、英、日、德、法、俄幾種語言，加上西班牙語和阿拉伯語，但是中英的對話一定會是最優先的展開，其次是日文，各語言之間交互對話關係，都會在翻譯機系統裡面透過各種數位人才被建構出來，這時候世界的歷史已經全部混在一起，以後只要有一台翻譯機，或者是大街小巷都可以有翻譯機的系統或數位化的系統，輕輕一按就可以解決全世界來自四面八方的旅客的語言問題跟旅遊問題。現在PDA裡面已經附有語言轉化的功能跟指標功能，而且會與所有的衛星連線，這個世界三十年內就會轉換成如此的數位和多語言轉化的時代。

過度發展後，走向反璞歸真的藝術

舉例來說，在音樂方面，有高深造詣的音樂聆聽者全部都走向後後現代音樂，一種反璞歸真的音樂，有後後現代訓練的藝術觀戰者都走向反璞歸真的藝術，包括美術、雕塑，回到本心之中去追求，因為過去的兩千多年來繁複的演藝，因為透過

數位世界發現一切都不再新奇，一切都是如此的可複製、可塑造、可虛擬，所以返回那個素樸的本心，而不需要那麼多浮華的外表。

最明顯的代表企業是「趨勢科技」，企業總部在敦化南路，在台灣絕對是在百大企業之一，可是整個運作方式是非常後現代的。一九九二年就走向這樣子的風格，主管或員工都可以穿著T恤、牛仔褲和拖鞋，喝可樂、喝咖啡、打電腦的時候，可以伸伸腳趾頭、也可以打著赤腳。

這樣一個數位時代裡面，逼迫著每一個人跨越斷裂來到那個絕對斷裂的時代，不再需要各種傳統主義，或者傳統藝術流派的變化，或者各種繁複的方式來修飾自己，所有的藝術都已經在數位裡面出現完畢了，所以最數位的時代也就會同時是最儉樸的時代，所以常常看見科技人徒步、走路、騎單車，不再崇尚名牌，因為在數位世界裡面看了無限的名牌，不再需要用這樣的東西來妝點自己，它有了新的價值，有了新的視野，眼光看得更遙遠，看向的是整個宇宙，不會只看向百貨公司，不再在乎眼前的人看他拿包包的眼光，不再在乎眼前的人看自己開什麼車的眼光，因為他知道有一個更高的價值，或者是一個更不可測的世界，或者更廣大的世界，已經在他的眼前展開，與他接觸在一起。

所有懂得後後現代音樂的人，其實都受過深厚的古典訓練，都同時知道哪些古典的曲子仍然是經典之作。可是用意不在愛好聽完全曲，不再去聽蕭邦節奏曲第二號的全曲，但他還是知道優美浪漫的篇章在哪裡，第二樂章、第三樂章，不再執著的要去演藝廳觀賞從頭到尾的交響樂的演出。人們開始會思考自己不再需要去追逐紐約愛樂或柏林愛樂的各場演出。繪

畫、雕塑、書法也開始進入這樣一個世界，因為我們從數位世界裡面，可以呈現出任何一個型態的書法，在數位世界裡面都可以直接被組合出來，而且速度比以往要快速得多，只要輸入想要的意願，電腦就會主動組構圖像。

由於數位的世界來到許多文化事業與唱片業都被擊敗了，連李宗盛的唱片行都被擊倒了，台灣的流行天王都沒有辦法敵過數位世界，因為網路上可以無限下載各種歌曲，包括文革時期所有的歌曲，或者是中國大陸所有的樣板戲，都會在網站裡面出現，一點閱上去可以下載無限的曲子，你一生也聽不完的曲子。

我們有看不完的畫、聽不完的曲子，於是知道數位可以做什麼，於是重新思考生活需要的，原來人只需要幾件衣服，只需要一些真心的關懷和溫暖，只需要幾個不會背叛自己的家人或者是寵物，只需要一個非海砂屋、不會有輻射放射、不會被基地台干擾，然後能夠遮風避雨的房子，原來人們需要的東西不太複雜。

我們終於可以了解巴菲特，一個懂哲學、懂金融的人，在完成藝術性奇幻般的操作之後，進入世界十大首富之一後，就捐出存款百分之八十以上的真正原因。

真實、虛幻成為一線之隔

財富的累積對富人來講只是一種藝術或者是一種建築，他證明了自己是有能力的人，所以不需要擁有這些藝術、建築；接著可以看見比爾蓋茲的跟進，而東方因為仍在舊儒家的社會中，還沒有進入準後現代跟後後現代世界，所以沒有真的反璞

歸真，權力沒有真的進入到數位世界裡面去，不知道最真實的世界很可能跟這個最虛幻的世界完全就是一線之隔。

這「幻即是真，真即是幻」，會在這個斷裂的時代、斷裂世界裡面出現，怎麼說？最虛幻的莫過於網路的虛擬世界，可是最真實的也會是它，原因是它真實告訴我們，原來全世界有這麼多的如夢幻影，都跟這個虛擬實境一樣，總有一天全世界一千大的風景名勝，都可以透過虛擬實境的導遊帶我們去，不需要再花飛機票錢，當然在這裡面你可以訂作理想的情人陪著你，那個世界遲早會到來，但是屆時，你會發現你真正需要的是一個真真實實的人，符符實實的個體，白頭偕老的關係，於是我們會返回一個純粹的價值去問，人類的社會道德需要什麼？人的生活到底追求什麼？我們真的需要國家壯大、經濟強盛嗎？我們的信仰真的需要那些巍峨的教堂嗎？還是要我們有一個真心的慈悲者，在我們鄰里裡面更實在一點，我們需要搞那麼盛大的團拜式的活動嗎？這都是後後現代所要思考的。這就好像回到《莊子・逍遙遊》中，進入一種新莊子主義，活在一個「無何有之鄉」的世界裡面，數位正是那個無何有之鄉。

社會價值影響審美機制

華人社會裡面連審美機制也是斷裂的。不同的社會對於美的判決不同，由於這個美的判決不同形成其社會的融合會產生困境，例如，國民黨時代習慣的政府官員長相如同宋楚瑜、馬英九，但是到了民進黨時代，完全不是這種類型的人物。而電視上演出的人物也是一樣，從前只有二林二秦，而八〇年代後期以後，澎恰恰、胡瓜、吳宗憲站上舞台。

　　在中國大陸，審美要求和愛國主義是結合在一起的，有獨特的政治意識和美學之間的關係，如果違反政治意識，美感會瞬間瓦解，例如：日本國旗；在香港國際化的美是他們的追求。

　　區域分布也牽涉到審美觀，台灣因為有江浙集團、客家、閩南，所以客家的堅毅美、閩南的江南美跟江浙貴族式的集團，本來就斷裂為三，還有高山族、阿美族的美感或者高山式的美感又和其他三大族群不同，所以斷裂為四。

　　香港具有國際化的美感又完全不同，穿著上的需要和發音上的講究完全不一樣，香港也未必和廣州相連，因為香港受到英國式的訓練，所以審美的機制就完全不同。舉一個例子：台灣的主播到了香港，打扮、發音、儀態所呈現出來就判若兩人，必須要在香港把英文練得非常流利。可是如果在台灣，最好是夾帶著台灣式的國語、道地的閩南語，他就會受到歡迎，包括李濤這麼標準外省人都要在節目中講幾句不太標準的閩南語，代表著另外一種台灣轉型的審美的連接和跨越。中國大陸的官方電視台所呈現出來的美感表現，則是是官方式的美感，這種方式在香港、台灣都不會被接受。而大陸內部也有相當大的差異，在新聞播報上雖然是如此講究字正腔圓、中正平和，講究具有民族的色彩、愛國情操，可是地方的電視台就未必如此，有些地方就非常欣賞香港或台灣的風格。

審美斷裂，欲望、藝術、消費表現也隨之不同

　　整個偌大的華人世界在審美的世界裡面是斷裂的，既然審美是斷裂的，當然欲望也就是斷裂的。整個流行體系除了國際流行體系進入其中以外，其他有各自的傳統及發展，例如：杭

州到處都有可以待一整天的茶館，每個人只要花一百塊以內的台幣，就可以在茶館中吃喝一整天、閒聊一整天；在繁忙的北京，就沒有和杭州一樣類型的茶館，在上海也沒有；而廣東的茶館則和香港茶館比較類似，上餐以後要用餐前會先問要喝什麼湯；而台北喝上午茶或是喝下午茶，都集中在四星級或五星級飯店，去享受飯店的繁華來消解都市裡面塵囂的壓力，所以在審美上的追求就完全不相同。

　　由於審美上的不相同，造成整個消費鏈上的差異，消費鏈上的差異又造成權力和經濟之間的差異，當然又使得地方派系有新的空間得逞。這種空間就會造就地方性的霸主，特別在沿海一帶，由於地方性的差異、經濟的蓬勃，所以地方性霸主的巨大就隨之出現，各個地方所感受到的命運感受也會有所不一樣。華人們面對的是一個不同的消費體系、不同的流行體系，不同的審美文化，所以在不同的地方，所獲得的命運都有所不同。以連戰來說，到了北大演講多麼受歡迎，但連戰在台灣的演講從來沒有受歡迎過，所以舞台的背景不同，主角被接受的程度也不同：李安如果不到好萊塢發展，那麼在台灣可能不如侯孝賢、吳念真知名。換句話說，**舞台的背景、體系的背景、欲望的結構背景、審美的背景在各個區域裡面的斷裂，就決定了各個區域裡面華人的命運。**

第三條路之文明與美感斷裂的超越趨勢

　　台灣的美感過去斷成兩節，分為外省與本省的審美型態，標準的國語與充滿草根性的閩南語表達型態，又曾有人稱之為貴賓狗與台灣犬的兩種審美型態。

　　這創始於江浙集團所體現的官員的審美主義以及台灣本土的草根性的生命力的兩種審美觀的斷裂,這種斷裂在中國大陸因為一九四九年以後,工農兵文化和儒釋道文化之間的斷裂也形成了文明與美感的斷裂,是馬列主義所形成的美學,對抗儒釋道所原有的美學,所以儒雅主義的美學對立於馬列主義的美學。而台灣是草根性的美學對立於江浙集團的貴族美學,多重斷裂一直在華人的世界展開。

　　但是**全球化、數位化以後,這種趨勢開始改變了**,不再堅持馬列,不再繼續流行儒雅,國際化的指標才成為大家共同追尋,而國際化又經過後現代處理或是後後現代處理的發展,還融合了各個地方的特色,我們並沒有完全丟棄舊有的儒釋道,還是可以去承襲部分的道家、佛家、禪宗、儒家的內容來融入新國際化的內容,馬列的發展也不需要完全淘汰掉,可以看到現在有所謂「毛澤東咖啡廳」,裡面收集各種文革時期的服裝作為一種美感的表現,甚至收集各種文革時期的樣板戲、各種樣板的音樂、各種歌謠來作為一種時尚。

1. 全球趨勢超越地方價值的審美觀

　　台灣也是一樣,我們看到馬英九特地到中南部刻意說幾句台語,陳水扁、蘇貞昌、謝長廷的普通話也都愈來愈流利,所以兩邊初步融合後,漸漸不比賽誰的台語或國語流利與否,轉而更注意英文、日語等國際語言的使用能力。英日語皆通,在就業職場上薪水立刻加三成,於是往後我們看見不分藍綠、不分本省外省的孩子們,語言競爭力放在英語、日語,這一點在中國大陸皆然,所以趨勢已經出現超越語言的審美。

　　語言或身材美感的趨勢在於能不能了解整個國際化的禮

儀、更國際化的發展，所以華人們不可以再閉關自守，或者認為自己才是最優秀的文明。全世界這麼多的文明與創意，只要拒絕輸入新知，就會落後，吸收愈多的創意，就愈可以融入更多新的東西在社會的各層面。在流行景氣中、在行政系統中、在企業管理中，不斷地去形成新血，所以創意、文化創業產業的競爭或組織再造、實行力，各種成長能力都成為超越文明斷裂、超越美感斷裂的重要推手，也是重要的趨勢。

2. 游牧民族興起，穿越欲望、權力結構與斷裂

　　要解決華人文明、美感斷裂的辦法，是各個區域的華人必須透過所在地的欲望結構和權力結構，經營出一種跨越式的視野身段和成就，個人才可以在未來的華人世界中脫困。面對這種斷裂性會有愈來愈多的青年人或者是中產階級試著要跨越這種區域斷裂，建立更完整的區域也有可能，斷裂主義和差異主義要超越一千個平台，讓自己成為是一個游牧民族。

　　在華人世界裡面游牧民族會愈來愈多，游牧民族不是沿街乞討的意思，而是能夠穿越所有的機制、所有的編制、所有的斷裂，悠遊自在的活著，就會形成一個新的游牧族群，所以未來的華人社會會形成一個新的游牧族群、游牧階層，這是一個可移動性階層。事實上一個人的可移動性跟可支配財富是同等重要的，中產階級過去能被接受是因為其可移動性很高，在華人世界裡面的中產階級的型態不一樣，因為華人社會是如此的斷裂跟分崩，整個權力結構、享樂結構和欲望結構是如此不同，所以要穿越一個世界要有特殊的能力。

　　因此對於各地區的文化導航、理解，就變成這些游牧民族的必備工作，游牧民族就會構成兩岸的文化重要階層和重要

機制。目前為止，游牧民族還不夠多，而且沒有形成一個可發表、可流通的，並且是系統式的經驗來累積和傳承，所以目前看不出來這樣一個局面，但是未來這樣的流動階層會出現，有一個S型社會，這還代表階層會不斷地在社會中變動，整個社會是扭曲型態，內部有太多的斷裂，所以**華人的社會型態不是標準的國家可以理解的產物，也不是典型的M型社會，需要用後後現代主義來超越斷裂的審美。**

3. 游牧階層、S型社會成就華人新世紀

游牧者善於面對生活的複雜，也善於反璞歸真來面對欲望的結構，當然這種善於反璞歸真的方法就會牽引出「解構權力」，來回到人的本質和簡單的關係，而不會迷戀於權力的世界，回到人的存在的本質，才有中國的興起。

游牧階層的出現、S型社會的到來，讓中國和華人世界會有一個新世紀，這樣的新世紀在短期還不會出現，這種後後現代的眼光超越傳統主義、後現代主義，超越權威主義等，而進到一種新的束縛，能夠出入於各種複雜變化萬端的欲望世界和流行體系，一個新的審美態度會在游牧階層之中得到解構。

透過游牧民族，所有斷裂的權力結構會開始出現一個新的聯盟，也會伴隨著數位化的發展而有所改變。由於全球化、後後現代化主義影響，使得各地方的斷裂會逐步的形成新的共同性，這種共同性又會由游牧民族產生新的階層，使得其差異性透過游牧階層被建構成一個新的網絡和脈絡。這也使得舊有的斷裂趨向交流的結盟，再加上數位化的發展，後後現代化澈底的媒體數位化會由手機革命和電腦革命開始，並且對電視業受到極大的摧毀、極大的改變。地方的權利和分裂性欲望也就會

區域整合，華人的國家概念也一樣會區域整合，甚至包括流通都會有所改變。

　　未來，所有的閉守主義通通會失效，即使目前華人們還是被少數政客、少數政治集團把持了，但他們把持不會太久，因為他們並不熟悉這種全球化的敏感。未來兩岸的下一代接班人，必須要有更多的對話，必須要有更多的國際視野的交互討論，更多的屬於華人的生活共同圈的建構的眼光，而不是只是在爭權奪利，所以眼光必須要放在二十、三十年以後，我們才會有未來，這個趨勢已經完全可見。

　　藍、綠、紅三邊在兩岸三地人的領導者的腦袋軟體還沒有更新，他們的大腦十分陳舊，他們舊的教育還沒有被完全洗刷掉，所以做出來的許多行為或是美感的判定原則，還有一大堆舊有的氣習，這在新的一代大家都會看不慣，在後現代的世界沒有人看得順眼這些糟老頭們，扮演超人也沒有用，趨勢已經卓然成形。

第十章　華人世界的生死關懷、命運斷裂感及其超越趨勢

　　華人社會無所不在的斷裂感，影響華人對於命運的觀感，也影響了我們的生活觀。例如：中國大陸的文化大革命以及台灣的二二八事件。

　　文化大革命中，連國家主席都可以在一夕之間變成階下囚，那樣的命運實在是太令人不可捉摸，風起雲湧、橫行一時的四人幫，在文革時也瞬間的立刻成為階下囚，幾乎只有毛澤東跟周恩來倖免於難，所有人的存活，都在虛無飄渺之間，都在不確定中，而且不斷地有各種價值觀的轉變和斷裂。

意識形態的戰爭，造成華人生命的漂泊感

　　一九四九年共產在中國開始黨執政，和一九四九年之前的國民黨執政價值觀有很大的差異，社會屬性也大不相同。共產黨執政時期，有十年的文化大革命，文革過後，「破四舊」的政策已經不再繼續進行，因此文革前、後共產黨執政的價值觀也大不相同。如果你是一個活在二十世紀在大陸生長的華人，只要稍微有一點感知的能力，就會感覺到生命面對環境的飄零無助和無常，而人很難置身事外。在二十世紀的華人世界裡面，已經沒有歸隱山林這樣的空間，所有人都只好在城市裡面

尋找機會、尋找存活的可能。

　　毛澤東一向是最重視歷史的，重視歷史的閱讀、歷史的寫作、歷史觀的詮釋。在文革期間，中國大陸最受重視的史學家陳寅恪，政府每天都為他送來兩瓶牛奶，保障他基本的溫飽，可是由於意識形態的影響，連這樣的首席史學家，都不敢亂寫東西，諷刺時政必須要用隱喻的詩來寫作。這當然是荒謬不堪的。

　　當時的陳寅恪，基於當時政治環境的影響和壓力之下使命運改變，他原來絕對可以創造出偉大的歷史學著作，但是他在那段時間裡面只寫了一部《柳如是別傳》。柳氏是明朝末年江南八大名妓之一，其所留下來的詩詞曲不亞於李清照，但是無論如何，也不應該花費陳寅恪晚年最精華的時間去為她作傳。只因當時提倡工農兵、提倡紅五類、黑五類，為一個中下階層的女子寫傳是絕對安全的。意味著沒有人能逃脫一場社會的變革，沒有人能逃脫華人社會的斷裂所造成的命運。文革之中的其他人又能免於難嗎？在文革之後，人們又會怎麼去看待自己的命運呢？又怎麼樣看待自己的命運就有怎麼樣的生死觀，毫無疑問的，當人覺得一切都不確定的時候，生死如草芥的時候，還會相信有什麼確定的信念嗎？

　　特別是在唯物主義革命之後，不准談任何靈魂、任何天堂與地獄，不准傳揚任何宗教的國度裡面，黨是唯一的最高指導原則，馬列主義是唯一信奉的意識形態。這樣的情況之下，人缺乏了超越性的道德要求，看得見、摸得到或儀器測驗得到的事物，才能作為判準。再加上看到連國家主席的地位都是那般的花果飄零，於是人會選擇怎麼樣的立場，來決定自己命運的走向，來決定自己生死的價值觀，當然，很容易的會選擇現實的立場，很容易去選擇快樂主義，很容易會選擇利益主義，也

就是說及時行樂的立場會非常容易呈現，也就是說利己主義的立場也會非常容易呈現，對自己好最重要，別人好並不重要。

意識形態的戰爭會無限上綱的擴大，這一點在二十一世紀的台灣人們也見到了。不管是站在哪一邊的正義，意識形態的正確性會蔓延。

利己、現實是華人斷裂的原因

中國人一向覺得人多是個問題，在SARS期間，或許有人認為死幾個人有什麼了不起的時候，只要不要牽涉到自己，這是因為他從自己的觀念去看世界，視別人如草芥。直到SARS蔓延全世界，大家都警戒起來的時候，開始限制區域發展的時候，人的行動受到限制，才發現SARS果然嚴重了，如果不是當時政府強制的命令，某些區域必須要限制行動的話。那麼，有些人甚至還會覺得無所謂，是在這樣的利己主義和現實主義情況之下，所導致的這就是整個華人社會斷裂的結果。

另一種斷裂是**道德感的斷裂，超越世界觀的斷裂，儒釋道三家文化到了文革以後澈底的斷裂**，對於中國大陸而言，從文革以後，他們的文化是以工農兵為基礎的文化。對於台灣而言，是儒釋道三家文化加上日本文化和美國自由主義文化的綜合體，少數的再加上法國和奧地利的浪漫主義文化。

即使就台海兩岸彼此文化的基礎而言，從一九四九年以後就走向了斷裂的局面。這才會出現台灣大企業的少東在北京開設連鎖，卻因為彼此的行事作風不同，瞬間就聯合公安部門，由中國大陸那邊所代表的股東也發動了軟禁台灣少東和集團的代表人的案子。

對於台灣或香港而言，是不可思議的；對於處理人的生死和命運來說，是不可思議的。如果今天是在香港這樣一個極度重視民主的社會裡面，他不可能瞬間動用警察權，並且用一種私刑的方式把人軟禁，毫無可能。而且，是對於一個這麼大集團的少東加以軟禁，對於台灣這樣媒體發達的國家來說，更加不可能，事後一定會受到法律的制裁。但是，我們最驚訝的是軟禁他的不只是另一方的股東，還包括對方的公安系統，這就沒有辦法用司法去制裁對方，對於所有的民主國家來說，這是不可思議的。**所以社會的背景、文化的背景，影響命運觀、影響價值觀，也影響生死觀，對人命的處理，可以如此的草率，可以如此的輕蔑。只要違反了個人的現實利益和價值；違反了個人的意志，別人的存在似乎一點價值都沒有了。**

台、港、中的生死觀與命運觀同源不同型

這樣所蔓延下來的影響，對於整個華人的命運、華人存在的斷裂感，是十足強烈的。換句話說，對於台灣、香港、中國大陸而言，彼此間的生死觀、命運觀，表面上系出同源，似乎都源於所謂的中國文化，實質上，全然不同。對於深受英國傳統影響、深受議會制度影響的香港而言，他們認為任何一個單一的生命，都是有絕對性的價值，絕對不犧牲任何一個單一的個人，也就是絕對尊重自由主義的立場。這是自洛克以來的古典自由主義一直到新自由主義，所發展的政治和社會文化。

對於台灣而言，由於台灣有統獨的問題，特別是當本土執政以後，獨派所認為本土執政是最高道德，也就是最高的價值。這樣的立場之下，凡是違反這樣的價值，都是可以考慮犧

牲的，或是低於本土執政價值的存在。

　　如此一來，就很多的價值是可以被犧牲的，很多手段也就可以被利用。即便是違反自由主義、違反他人的利益，也就可以考慮。換句話說，這種情況之下，如果因為本土執政使得貧窮的人沒有辦法有好的工作機會；經濟成長率因此不容易抬頭；因此不可和中國大陸有更多的經貿往來，他們是可以接受的。在這個價值觀下，完全是可以合理化。

　　換句話說，在世界上可能有百分之二十的人，必須過著一家人一餐只能共吃一碗泡麵的日子，是時代命運中的產品。對於本土執政最為最高道德的立場下，他們的犧牲算是一種為國貢獻，這就像中國大陸所拍的一部歷史劇《康熙帝國》，劇中的康熙要求女兒——南吉格格嫁給蒙古的可汗，事實上，這是違反歷史事實的。不過，用戲劇來表示價值觀和意志，倒是可以理解一二，這不代表歷史而代表現在的價值意志。南吉格格的存在價值，完全小於國家的利益。換句話說，一名女子的個人利益、個人愛好，完全都不重要的，最重要的是國家的存在、國家的集體利益。

國家集體意識可以決定一個人的命運

　　價值不由得個人選擇，而是由國家的集體意志來決定你的存在價值，這種集體意志決定存在價值的現象，在中國大陸尤其明顯。在台灣只要碰到獨立精神，獨派的執政，綠色執政，就具有這種集體的精神，這種集體的精神在選舉的過程裡面，因為具有民粹的效應，所以凝聚力就特別強，於是，它特別容易集中它的選票。

　　而泛藍系就不具有這種凝聚效應，只有理性思考效應，所以理性思考效應就會從各種角度來挑剔老闆的各種不是，例如：馬英九雖然目前是泛藍共主，看起來缺乏哪些氣質？哪些時候說錯哪些話？對於他的選民來說，都是挑剔無疑的，他的選民跨越深藍、淺藍、中間，不管是中間選民、淺藍選民或深藍選民，他們的價值觀其實都是有所差異的，價值觀有所差異在理性判準上就有不同，於是理性判準之下，怎麼看馬英九都不會聚焦，三邊的人都會有時滿意有時不滿意，而用這種理性判決去決定選舉行為的人，非得讓他滿意到一定的程度，才會把票投給這位候選人。

　　藍軍和綠軍的選民完全不同，綠軍選民為了集體的最高利益，再怎麼不滿意也必須要含淚投票，因為最高的利益代表大家總體存在的價值，但對於理性主張的選民來說，沒有什麼總體存在價值。如此一來，領域性自然下降，這就形成了台灣的集體命運。表面上它似乎是兩種型態所組成的，實質上組成了第三種型態，也就是更高的集體性的型態冗籠罩在台灣島上，甚至波及到凡是具有台灣護照、中華民國護照有選舉權的人，或者是這些有選舉權的人的家屬，都跟這件事情脫不了關係，也就跟這個命運息息相關，休戚與共。

　　那種存在觀與生死觀也就連帶互動，除非，有一天這場遊戲告一段落，但問題是，這場遊戲到目前為止一點削弱的現象都沒有，反而如火如荼、風起雲湧般，如同當年文化大革命，只是鬥法不同。當時的鬥法比較粗野，現在時代比較進步，鬥法比較文雅，改成文鬥，文鬥的力量表面上是不見血的鬥法，是白色的鬥爭，見血的鬥法是紅色的鬥爭，後座力誰大誰小很難說。沒有人知道結果是什麼，但是我們卻知道這種命運是不幸的。

第三條路之生死關懷、命運斷裂的超越趨勢

命運是由於社會內部的斷裂不足以敉平所造成的，唯一的辦法是超越或者在其中頓悟，稍微對歷史了解就知道，這一個時代要期待大多數人頓悟是妄想！只有一個辦法就是眾志成城，要過紅海，為了求生存我們必須要超越跨越它，那就是走向未來，所以邁向未來是唯一的解決之道，那就是要跨越我們的斷裂。

轉型正義永遠也轉不完，它是沒完沒了的帳，適可而止，滿足自己一定的欲望就算了，想要澈底的轉完是不可能的，沒有一筆帳是可以算得清的。夫妻倆過一生，想要理出個帳目來就十分困難；公司的股東之間所形成的是是非非要理出個帳目來，也是很困難；如果夫妻相處永遠要算個你死我活，清清楚楚，這輩子肯定是過不下去的。

中間所有的斷痕、裂痕是不足以回頭彌補的，因為已經發生在那裡，唯一的辦法是向前走，繼續白頭偕老，只有這個辦法。但是泛綠眼下為了選舉，為了激情的繼續凝聚，只好繼續算帳！而泛藍仍沒有覺悟到人民們要過紅海，泛藍並沒有覺悟到面對的是一個斷層，泛藍也沒有覺悟到這個斷層的創造者一開始是泛藍的先輩們所造成的，也就是當以江浙集團為主的菁英統治集團所造成的，這個部分泛藍沒有完完全全的想透看明白。需要參禪悟道的表面上似乎是泛綠，但其實是泛藍。

泛藍的領導者，如果有一天能頓悟原來局面是如何的話，那麼可能跨過紅海的那一邊就會到來。那麼在頓悟之前就是繼續處於一種斷裂的命運，處於一種無可奈何的互相廝殺的命

運，繼續血流成河。

1. 跨越斷裂，邁向未來，是唯一的解決之道

百年來，華人對於國家意識斷裂感受都是需要治療的，斷裂政治感受造成集體傷害的創傷，集體創傷當然有集體的牢騷；鴉片戰爭、甲午戰爭所造成的牢騷和創傷，文人集體想要罷免政府。

但是，日本從明治天皇明治維新以後，日本文人就沒有這種氣息，只有積極的使他們的文學哲學思想歷史趕上國際水準，於是他們就很自然的和西方結合，日本是亞洲唯一和西方國家平起平坐的東方國家，其他勉強可稱得上的還有香港、新加坡，就連台灣也比不上。

2. 華人要取得幸福的代價提高

在華人第三條路中，幸福的代價是變多了，向來歷史中，幸福是高額的代價，香江的風景、日本的函館、神戶的夜景都是高額的代價，所有的幸福的代價在現代主義的裡面，沒有一個不是高額的代價，所以包括貝聿銘的建築，哪一個不是高額的代價，所以這些高額的代價在現代主義裡面，一定會產生反動鬥爭後果在，又被稱為延續現代史的發展，零散化的，顛覆性的種種新生活。

所以，**在現代主要人文體系追尋著某些固定的方法，也就是包括現象學、解釋學都仍然具有這樣的特質，直到最後的堡壘——解構學。**有人看到當時這些解構學學家代表現代的最後堡壘，另外一個最後堡壘是德國法蘭克福學派代表者哈柏瑪斯，所以我們現在不應該將幸福簡單變成一種快樂或是歡欣的

狀態，而應該是一種徹悟的狀態，一種高峰的狀態。如果我們到達對別人的幸福無所忌妒時，就可以隨時創造我們幸福的未來，因為我們不需要時時保持高峰的狀態，因為我們知道如何處理、如何安排高峰狀態到來。

我們透過各種藝術的安排、人文的饗宴、社會或社區的互動，使我們的高峰到來，可以獲得想要的幸福。在大部分的時間裡，我們需要平穩、寧靜、順暢、沉思，但也需要許多的挫折和磨練，讓自己成長，例如參加「戰鬥營」是蓄意在磨練自己，或者跳傘、滑雪、划船、坐雲霄飛車等，都是我們自願去選擇的磨練。所以幸福的確是我們可以安排的，但不是每一個人都能做到，只有進一步透過現代才可以做到隨時安排幸福到來的時候，所以了解每一個人本身的差異，就是差異，不可能達成共識的認知是必要的，這時候我們不應該再接受全世界歧異融合的信仰，我們應該進到後後現代。

每個人應該各自發展，但是共同遵守社群公約，共同遵守城市的禮儀，共同遵守生態的發展原則是必要的。那麼所有的差異都能自然的發展，這就是我們的第三條路，所以「統」或「獨」的政治對立，一點也不符合後後現代尊重差異發展的潮流。國家主義、種族主義、民族主義、愛國主義的思想一點也不尊重差異，它們都是統一在虛假的主義中。即是是如法國這班已進入後後現代的國家，也可能會出現大右派或大左派的總統。

所以無庸置疑人類的進步就是需要時間，人類的社會發展需要時間，但是共同的公民素養確實有助於社會的發展及社群的進步，只有在前述的前提下，我們才能發展出不斷地幸福，因為我們可以主動創造幸福，因為我們可以主動按照身體內在結構的狀態來發展自己需要的幸福，也就是說不一定在身體的

最佳狀態之中我們才可以有幸福，因為如果迷信於身體最佳狀態，就像一種肉體性或是有肉體的儀式，就會有追求新身體的嚮往，就會有外遇，就會有老少配，就會有羅馬帝國共舞的必要，那種跨越男女性交的需求，這都是追求幸福的不正當試驗或實驗，比如一個沒有真正獲得正悟或真正需求的信徒，甚至某種程度上，他們認為追求美好的感受必須要基於是一種宿命，是一種命運，是一種上帝的恩典，才會到來，這些都是錯的。

幸福可以到來是因為我們澈底了解身體，了解內在屬性的組合性，及了解我們可以從空間中的符號，空間中的物質體系，取得什麼樣的元素來組合之後，來獲得我們自己獨特的喜好的高峰體驗和幸福感受，在不同狀態可以得到不同的感受，和我們的感受都有所不同，這是一個新的哲學組成，所以我們將來要發展一個後後現代哲學，不只是生物科技，可稱為「幸福的科學」。

因為幸福所提供的解釋，在科學的所在提供給幸福所需要的要素，可是這樣的內容在沒有人文的素養之下是沒有辦法配合的，而這個人文的素養是需要每個人透過自己的修養去吸收我們需要的內涵的部分，全世界二十九個文明所生產出來的文化，所生產出來的符號，所生產出來的藝術，所生產出來的知識通通都可以供我們使用，全世界兩百多個國家，幾千個民族所生產出的習俗文化器具，都可以供我們使用，當然種族主義、民族主義、國家主義在這裡不再會有效了，所以幸福不只是一種態度，幸福是可生產可製造的精神饗宴，所以幸福不是透過認識，幸福是透過生產，擁有幸福是透過學習生產方式的擁有，是透過對自己的認識、人際的認識、符號的認識，環境

的認識、知識的認識、各種器具的認識；尤其是透過對器具的認識，幸福的常理可以在每一個空間和互動中獲得，一個充分認識幸福特性的人，可以創造自己獨特性需求的幸福，幸福並不是簡簡單單可以獲得，不過倒是可以分享給身邊的人，只要身邊的人擁有一樣的幸福，並參與生產的行列和創造的工作，幸福的科學和幸福的社群的經營就是華人們的第三條路，非左非右，非上非下，非統非獨，超越這些之外。

第十一章　華人未來世界的斷裂及其超越趨勢

資訊經濟的時代到來，使得高收入族群集中在資訊產業，要進到無憂的生活，中產階級人數反而會變少。

　　新制度體系形成，在中國大陸人經濟體的重構底下，呈現了一個新型態華人式的中產階級經濟體，亦即是特別由於華人的經濟體而獨特呈現的。中國大陸一千萬的中產階級開始不斷地與日俱增，這個新的華人經濟體非常有可能在兩岸四地或者五地以上包括海外華人的新聯盟，透過華文網、數位網路的聯盟之下，產生一個新的經濟聯盟。

科技創造出新經濟形式

　　這個新的經濟聯盟使得華人的中產階級受到保障，這是一種可能性。也就是說世界上有四分之一的人口，因為這個特殊的經濟體，本身會擊潰其他經濟體，可是對自己卻形成一個特殊的保護，自我保護效應的新中產階級出現，同時間使得觀照能力變強，但是這並不代表百分之十和百分之二十的人脫離貧窮狀態，這個就不太同於過去中國大陸村子經常有人餓死的狀況。基本上，現在中國大陸的十多億人口裡面，只確定有人處於飢餓，但是沒有人餓死，這樣的情況和台灣相近，全台灣國

小、國中的學生，大致上都能夠有營養午餐吃，但是我們還沒辦法做到所有社區白天的孩子都能有人照顧，更還沒做到讓所有的孩子都能夠升學。

　　過去曾經是凱因斯的經濟時代，在八〇年代以後開始進入海耶克式的經濟時代，現在華人必須建構一個超越海耶克式的自由主義式的新經濟策略。但是中國大陸直到二十一世紀初才開始大量翻譯海耶克的書籍，並且開始閱讀、消化海耶克式的自由主義經濟學。即使如此，中國大陸在缺乏數位資訊的社會哲學、經濟哲學的背景，沒辦法瞭解到新世界體系，不管是馬克思、凱因斯、海耶克，都沒有辦法料到世界數位化以後，變化得如此巨大。

　　如同前面所言，一個人只要擁有四樣的主要工具，就可以跟全世界溝通，包括：有線電視、網路、信用卡、手機，一個人只要能接上網路或手機的基地台，就可以和全世界交流、溝通，而且不管人在何方，從烏魯木齊、拉薩、昆明、麗江、大理到台北、綠島、蘭嶼、澎湖到阿拉斯加、到海參威、到聖彼得堡、到冰島、斯德哥爾摩等。這四樣東西建構了世界村，而且有愈來愈多人只透過這這四樣東西來創造財富，甚至也可以從網路消費直接訂購食物、衣飾。

　　現代世界結構的改變、世界體系的變化，是不管多偉大的經濟學家在過去都沒有想到過，也沒有辦法憑空夢想或構思的。數位世界的出現使得整個地球、整個人類文明進入了一個新典範世代，舊時代的經濟哲學的思考基礎、舊時代的自由主義的思考基礎，只能放在政治哲學的正義論世界，如果一旦放在市場和自然環境裡面，就沒有辦法繼續有效和暢通無阻，整個思考的基礎被改變了，我們要考慮的環境、生態、社會關係

完全變化了。所謂的自由市場，是一隻看不見的手，以及尊重競爭、開放市場的概念，這個立論放在後現代的網路世界中，有太多部分是要再加以補述的，或是加諸條件、範圍的，無法用一句話就簡單討論。所以數位經濟學，或數位的世界體系之經濟學，必然要到來，我們必須要重構一個新的數位體系的經濟學世界，才能夠面對我們的新世界。

建構一個跨越華人斷裂世界的新數位聯盟

所以基於數位時代的變化，如果建構了一個跨越華人斷裂世界的新數位聯盟的話，那麼我們可以在數位的基礎上面，有一個新的多元體系，我們把它稱之為數位的新多元世界體系，這個數位的新多元世界體系可以超越無政府主義國家主義和愛國主義。這個聯盟可以建構在數位的世界上，透過數位可以多方的取材，使得人才不限制於課程體制而出現，但我們現在的問題在於所有人才的出現都限制於課程體制或者是地方派系，或者是各種的人才培育脈絡，使得許多好的人才在基層就已經被刷掉了，他只好到民間去服務，名不見經傳於整個所謂的權力核心或者是權力脈絡的主流網絡之中，可是一旦數位的體系被建構起來之後，那個人才就很容易在數位的世界裡面被撿取出來，透過數位做多方面的徵信和考核，人的表現也在這裡多面向的被呈現。

人工智慧跨越知識的局限

我們也可以在這裡建構一個新的人工智慧，甚至一個人過

逝以後，他所遺留下來的文字、符號或者影像，依然可以在數位的世界裡面繼續表現，所以我們可以從趨勢的角度預言，未來一定有人即使在肉身死後，可是他的智慧、獲評、反應、言行等，繼續參與數位世界的決策，透過其智慧的向度和內容，以問與答的方式和所有視訊的互動方式，主動透過電腦人工智慧來參與討論，退位為顧問的角色。

例如把經濟學家一輩子的智慧言行都輸入為數位化，透過數位的方式來建構他所有對問題的回應，即便知名經濟學家過世了，他還是可以有效的參與作適度的回應，直到這套系統已經回應不了新型態的問題，這就是檔案失效了，假如這名經濟學家的智慧可以恆久有效的回應問題，他就永遠沒有死。

這在虛擬的世界裡已經完全能做到，當我們能做到這一步時，這種多元化已經是一種立體的多元化，而不是單維度的多元化而已，而不是口號的多元化而已，它勢必能夠形成一個新的人類統治或者自我管理社會的給付，那華人世界的斷裂也就可以自動被克服，我們應該首先的使用這樣一個智慧，放在華人的斷裂世界裡面來跨越我們的鴻溝，跨越我們的統獨對立，跨越我們的台海對立，跨越我們的一中一台或者所謂的兩國對立，或跨越我們多語言的對立，先形成超越華人的所謂統合市場，也就是另一種型態的所謂單一市場，但這個單一市場就沒有誰就一定是老闆的問題，也沒有誰的選票多寡的問題，有了數位這樣的機制我們才有了超越過去思考的能力，因為過去的工具是不足夠的，在這樣的世界體系裡面我們所面對的組織的建構，就不再會是這些管理大師所建構的世界。

過去的大師所思考的維度是在一個缺乏全球數位化、全方位數位化、人工智慧數位化的世界，在他們的世界裡面還沒有

辦法想像信用卡可以無往不利的結合，在任何一個維度裡面，也沒有辦法想像手機可以偵測太太或女朋友的月經週期，當然我們可以進一步再想像未來手機可能也可以掃描對方肋骨斷了沒有，或者更進一步的功能，所以透過手機、信用卡、電視的數位以及電腦網路的結合，幾乎成為未來新世界的組合。

手機、信用卡、電視的數位以及電腦網路的發明，其實都距離我們每一個人出生沒有太久遠，也就是說它的確是全新的東西，而這個全新的東西，它的變革速度，比愛因斯坦的相對論或者原子彈的發明的影響力，可能對於我們未來二十一世紀來說要更巨大的多，這意謂著愛因斯坦的發明典範在電腦和數位化的時代來臨之後告一段落，愛因斯坦的時代已經過去了，到了九〇年代中期以後就過去了，到了二十一世紀以後更是進入博物館，二十一世紀開始以後，正式進入的是手機、信用卡、網路、數位電視之聯盟所產生的時代。

數位化帶來華人世界的透明化

這時候所有的組織概念、經濟學的概念、世界體系的概念皆全部重整，多元化的概念也全部重整，所以各個政府的弊端，通通可以透過這種數位化以後被全盤的揭露，它像檢視庫存餘貨一樣，現在由於有數位化的發展，所以全台灣任何一本書在那裡有多少庫存都可以被檢視到，它沒有死角。

筆者曾經追查一件事情，偉大的哲學家柏格森出了一本書叫作《笑》，據了解當時全華人世界此書只剩六本，而筆者因為授課的需要，正好把這六本全買了，再也一本不剩，出版社不再再版，除非自己影印盜版。在過去，這類型數據的統計

有時候是有困難的。但是這些數據在現代，有電腦和網路的連線、計算，可以知道某一型號的手機全球剩下多少隻，甚至於可以知道某個顏色的商品全台灣剩下多少數量，都可以獲得答案，所以政府過去所形成的種種黑洞和弊端，將隨著數位化最後不得不全部的透明，也就是官商勾結的這種角落會隨著數位化，立刻愈來愈低，愈來愈不可行，愈來愈被作各種多元的檢測，所以政府的弊端在未來的三十年裡面將因數位化而逐步的被拔除，也就是我們漸漸的已經沒有辦法容許政府老化。

台灣鐵路局過去其實也是一種國民黨遺留下來的官僚體系，但是今天的台灣鐵路局由於數位化的影響，所以所有的位置都必須電腦化透明，除非你自己去排隊把票給壟斷下來，否則所有的票都會在上面一格一格的被打開，任何一個階段、任何一個段落、任何一個車廂、任何一個位置都可被看清楚。

電腦化的好處是，它和過去的人工化不一樣，因為它是透明的，誰先抓到這張位置就如同旅行社去劃機位一樣，電腦一打開完全是公平的，除非有人丟棄位置，你才會有機位，如果沒有人丟棄位置，不管你是多麼大的旅行社都沒有用，沒位置就是沒位置。這個公平的情況會隨著數位時代的來臨而達到，所以新型態的正義需要被重新書寫，也就是約翰羅爾斯的《正義論》在新的數位時代必須要被重新書寫，所以必須要討論數位時代的「正義論」，過去是自由主義體系下的政府和社會的「正義論」，未來是一個自由網路時代的正義論要被重新書寫，在這裡，個人的生存之道就重新被認知，透過網路裡面的各種可能、各種扮演，人完完全全的可以變造出各種身分，一個人可以變造出無數種身分，只要他願意的話，也可以隱瞞住自己的所有身分，而可以繼續生存，他再也不是過去面試應徵

非面談不可的時代，只要他能夠有效的操作完成，只要維持網路正義，維持他網路的職業道德，那麼整個生存之道就已經全方位的改變了。

近二十年來它所呈現的是柔腸寸斷的割裂，星羅棋布的孤島散在台灣的每個城鎮裡面，所散發的各種傳單效應，所聆聽到的各種選舉語言之中，而這種語言又藉著網路變成數位化，並傳播到大陸網路世界中，他們又吸收到這樣的資訊來互相批評，或是透過這種斷裂來了解台灣，進入台灣的世界。於是我們可以看到這種交互的斷裂性透過選舉文化、文藝政策、黨國價值世界、文學翻譯世界、地理的所在世界和語言的使用世界，交互形成了各種斷裂的現象，也就是嚴重的不連續在華人的世界裡面早就已經如實的展開了。

跨越斷裂要更大的超越的統合

我們未來不會進入一個新的連續的終結！斷裂永遠只會是斷裂，它不會終結，而可能會終結的方式是什麼呢？這或許必須形成一個更大的超越的統合才可能終結。我們必須要產生新的議題、新的發明或新的結構才有可能產生新的統合，這種新的統合在文學或文化的書寫必須要基於人類的共同發展而擬出新的統合書寫，這種統合並不是統一，而是使彼此可以互相交流，毫無疑問的，由於數位、資訊的進步，我們可以透過這些介面來形成這個不得不統合的現象，這個所謂不得不統合的現象還會由於語言翻譯機的發達而形成，我們現在只注意到中英或英中翻譯的發展，或許有一天會有台語文學翻譯成北京話文學的發展，它一樣可以被了解。

　　新的資訊介面的發展，或新產業的發展，或人類新的拒絕斷裂的欲求的發展，可能會推動一個新的統合發展，當然這裡面會有新的行業出現，會有新的華人斷裂世界的串連者出現，不管是從企業、從政治、從各行各業的不同角色，都會出現各種串連、各種統合的建構者，這種建構者絕對不能等同於掮客，等同於騎牆派，而是在建構一個華人世界的可能，也就是建構一個新的交流、新的閱讀的可能，建構一個新的全方位的書寫可能，這個全方位的書寫、新的閱讀的世界將會形成一個新的經濟型態，當然它對應著各個不同的社會，它也就必須提出新的政治、經濟、社會的政策，這個新經濟型態將加入世界體系裡面，並形成其中的一個環節。

　　如果按照現在全球化發展的話，看來是有可能的，世界的全球化、資訊化、貨幣的數位化，一再一再的告訴我們，我們的經濟時代已經跨越了國際，我們這樣說，在現代社會裡面的人，大概都需要具備以下四個東西：手機、有網路的電腦、數位電視、信用卡，使用這四樣東西就可以讓人無遠弗界的與世界連接，即便你只是生活在一坪大的房子，裡面有四樣東西，就可以在網路上成為英雄。大家可以從網路看到各種演出，可以透過電視獲得所有資訊，成為非常好的知識專家，因為二十四小時反覆的把這些資訊重複研究，不停地看，透過電腦、透過電視，收訊到所有資訊，所分析出來的內容完全不遜於一個特殊專家，如果再加上字典的運用，那麼透過外語的吸收，擁有一個非常完善的英文架構，那麼你就可以跟全世界任何一位名人溝通。所在的位置不再是那麼重要的，所謂的所在位置可以是在台灣的台北，也可以是在台灣的新竹、或嘉義、或屏東，甚至是中央山脈，只要你的數位電視或資訊能夠接得上，

或者是手機能有收訊就行了，且你所在的位置能夠獲得基本物資的補給就可以了。

國家意識淡化，能減少斷裂感

　　由於這些新資訊產品的發明，國家的必要性會開始淡化。最明顯的就是歐盟的成立，歐盟的成立說明了一個國家界線和貨幣的必要，如果歐盟的貨幣是可以成立的，那人們未來就可以使用同一種單一國幣，不必再廢力兌換貨幣。目前主要國家的股市，甚至未來也有可能透過網路進行全球化，開始有更多交叉關係的分配，這一點在許多金融專家和經濟專家的規劃裡面早就已經開始在進行研究了，雖然由於資本的國家屬性，所以目前為止還仍不易實行。因此，以「國家」為區域的單位區隔是十分的老土，人的生存早已所跨越國土屬性，這可以從美加地區或歐洲國家明顯的做出觀察，又如中國各省分間的交通往來方便性，也是同樣的。

　　國家的意識形態所產生的斷裂感，彌補的唯一辦法，就是要克服「國家意識」的淡化，這種淡化最適用於中國大陸與台灣兩岸關係的討論。**現今，兩岸一再強調以國家為主導的意識形態，但是，人類一開始生存，並不屬於「國家」；人類自有紀錄的歷史以來，有四分之三是處於沒有國家組織的狀態中，人類的社會、社區也是逐漸發展開來的，人類的社會從來沒有一天停止演化，華人們沒有理由把國家作為演化的最終階段。**也就是說，人類為了保護國家存在，不惜犧牲生命，這當然是一種執著，但也可能只是一種沒有必要的愛好。

　　愛好國家的人通常都是掌握國家經濟權益的人，才有必要

極度的愛好對國家，努力維繫其存在。但是，凡是能夠在網路
上掌權世界的英雄，沒有一個人會熱衷於國家型態，因為網路
已經可以跨越了國際，舉例來說，資訊公司大多已經跨越了國
際發展，。

　　筆者認識一位擔任過亞太微軟機構的女總裁，她當亞太總
裁時只有三十多歲，她在擔任亞太微軟總裁的時候，一年出國
要飛往十多個國家，每個禮拜都要出國，對於這樣的人來說，
台灣是她的家，她飛回台灣是她的企業總部在這裡，她的區域
企業總部在這裡。所以從企業的全球化發展以及資訊的全球化
發展、商品的全球化發展來看，跨越國家的意識都已經是未來
人類社會所共同的。

　　但是華人對於國家意識有高度的緊張關係，例如，中國
大陸就是一個國家意識很強的經濟體系，愛國主義非常鮮明，
這和近五十年的發展有關，因為民族主義讓愛國主義產生了效
果，使中國運用了愛國主義挺立在世界之中，目標是要讓中華
民族重新站起來，因為中華民族自從康乾盛世以後，已經飽受
災難近兩百年了，這是使得中華民族的國家在一個不健康的情
況之下所展開的，這不是只是為了國家，還為了民族的強大，
寧願犧牲民生的利益與幸福，只是為了尋求一個抽象的榮耀，
只要為了最高的國家意識、最高的民族意識似乎其他的事情都
可以犧牲。

　　韓國也同樣的情況，為了建立主權獨立、文化獨立的國
家，不惜要斷掉跟漢字的關係，創造一種新的文字，認同高度
民族主義，所以需求再受到壓迫，在國家或經濟裡面會表現
的特別急迫，台灣當然也是相同的狀況，台灣的歷史和中國的
歷史相似卻又不同，不同處在於政策實施的歷程不同，相對於

台灣，中國的歷史有強大的自尊心需求，所以更加有必要的建構性。

換句話說，中國與台灣是兩個生病的社會，互相的要求、責難，需要給自己一個尊嚴，但是這兩個尊嚴卻正好是不相容的，都要有自己的絕對主掌。表面上的論述都是理性的，可是在實際的操作和執政方式上卻全部是感情的、非理性的、以自我為中心的思考。這種以自我為中心的各自表述，是永無寧日的，只是不斷地消耗雙方的資產、財富、時間等，真正的消耗必須要人民去承擔，所以兩岸老百姓只好繼續無可奈何的消耗下去。但是，問題在於透過政策、理念宣傳，有部分的老百姓可能剛開始會不認同，但是傳播時間一久，加以政策、社會集體議事的深化，不認同的人也可能會減少。所以這種發展在短期之內是不會改變，短期之間這種趨勢會使兩岸繼續消耗雙方的文化資產、經濟資產，以及人民的生命資產。可是長期而言，是超越新的國家共同體所必然的。

華人軍事、地理區域體系需要重整和改變

華人兩岸三地或兩岸勢力甚至兩岸武力的一個新的聯盟超越國家，是一個區域組合的一個概念，換句話說，以後可能是華人的區域體系的改變，他們面對的是經濟的貨幣，和面對一個區域的軍事，可能是各種委員會的改變，這時候權力可能就更為分散、更不以國家為組織單位了，每個地區因為它還是以一個區域的社會，這時候區域的社會就超越了國席制。人類智慧難道只能是單一國家、單一民族國家、或者是聯邦、或者是邦聯、或者是國席的制度嗎？不可以有別的制度嗎？難道不能

更聰明的發展其他制度嗎？我們所有的消耗是不是都被這些制度給消耗掉了，因為制度的不良，所以把我們消耗掉了。

　　華人的傳統是一個廚房不能有兩個女人，由於過去一定要住在同一個房子的家庭，把很多美滿的回憶消耗掉，到後來發現，只要同一棟公寓裡面買兩戶就行了，那就可以有兩個廚房，而且也是兩戶人家，可以感受到不同的噓寒問暖，就是說當兒子的角色、當媳婦的角色，和過去都要生活在同一個屋簷下是完全不同的，甚至最後會更果斷的表示，自己不願意和別人或掌被同住。這種緊張的妥協不斷地被鬆動開來，最後是在一個以夫家為立場的婆媳問題，也可以是一個以女性為立場的，為了要符合與女婿的關係。

　　仔細觀察，台灣其實是男生入贅的情況多，因為太太要帶孩子，太太把孩子帶回去給爸爸媽媽帶，她可以毫不猶豫把心放在其他上面，可是如果把孩子帶回先生家裡面給公公婆婆帶，公公婆婆雖然一樣愛這個孫子，可是這個太太、媳婦非常緊張，所以基於這種文化發展的型態，女婿和太太回到娘家反而比較多，所以他就變成另外一個形態，這樣一個社會型態在現在改變了，更不能想像在清朝是什麼局面，但現在似乎是一個天大地大的事情，在三十年前的台灣，嫁入一個大家庭後要搬出去住，是一件非常巨大的事情，如同家庭革命。到今天，住在一起才會覺得奇怪，這種社會改變如同以前，生兩個孩子覺得太稀少、很奇怪，而現在生兩個孩子以上反而是少數了。

　　所以，時代正在劇烈的改變，短短三十年中有天翻地覆的改變，這是無法想像的，但是由於人類可使用的工具有了變化，就澈底的改變了生活；現在台灣城市巷弄中，幾乎每條街道都可見到便利商店，便利商店改變了人類要儲存物資的民生

消費習慣。又例如，現在有些便利商店中一台機器，可以兌換八種到十種銀行信用卡的幣值，也有各種商品的代購、數位資料的下載等，應有盡有。

政治人物的尊榮性下降

整個世界有了改變，人類的生活就有會有很大的改變，這等同於人在歷史上幾個重大的改變，人會變得非常渺小的，小小的改變發明、小小的改變對社會可能都是重大的影響，如電燈、汽車、避孕藥、人工流產技術等，這些技術的出現對整個社會都有大變化，並且未來會影響到整個國家的意識上，和以國家為建立的全球結構。

所以在全球化的局面中，沒有被包含世界經濟六大體系的趨勢何其之少，除了非洲局部、南太平洋局部，南美與中南美部分國家以外，其他都進入世界經濟體中了。這六大經濟體系可以產生交互作用，連結愈來愈多的組織，功能可能更勝於聯合國組織，比如：APEC。所以國家就變成是一個社群單位的意義，變成是一個強勢的英雄的領導意義。

筆者覺得國家功能性的弱化，可以觀察的最明顯例子就是國家各政黨、各省籍的領導人物開始變得向里長一般，人民對這些主要政治人物的重視度會逐漸下降，尊榮感也不再如同從前的分量。台灣二〇〇〇年到二〇〇七年的政治情況就呈現了這種現象，台灣社會不太會注意議長是誰？叫什麼名字？更別說是縣市的市長或副市長，就連市民可能也完全不記得了，所以政治人物的尊榮性下降，但是這對於整個國家或者整個社會的發展來說，或許是一件好事情，減弱了國家意識。

在這個關鍵時期，我們應該以非國家意識走向數位全球化
的過度時期，所以未來世界的競爭就將會以數位資訊的能力、
新型態的金融、新型態的市場整合、新型態的生物科技等為主
要的競爭基礎，或新型態流通、通路、技術或知識掌握的競爭
力，並且達成新型態的人文藝術與前幾項的整合交互關係，所
形成的競爭力。

解決的方法就是；全球化的發展帶來新的超越，可是首
先還是會按照經濟趨勢的發生，那華人首先會先以華人聯盟開
始，藉此在三十年後的華人眾數將超過二十億，全世界的人口
可能超過七十五億，華中及華南仍是世界最大的人口密集區，
華人未來仍會以北京話為主要語言，未來的世界英文與華語的
重要性是相同的。

另外，進入數位化時代，人文藝術有了新的發展形式，
有新的發表型態、創作方式。人類在後現代以後，製作了了很
多違反上古主義的人文藝術作品，但是這些作品根本說不上是
創新，或許商朝的文化展現就遠遠就表現出現帶人文藝術品的
成就；這說明了人類生活的基本項目，事實上已面對疲乏的狀
態，需要面臨全體系的超越。

第三條路之華人未來世界斷裂的超越趨勢

華人打開電視，看到我們的貧富懸殊在前後百分之五之
間，可以落差十九倍以上（台灣）。在中國大陸、香港貧富懸
殊的情況，在上下百分之五之間，要更嚴重於台灣，台灣已經
是一個最為民主的華人社會，但打開電視處處是充滿傷痛的貧
窮景況。但是台灣資產超過十億以上的富人超過五千位，資產

上億者超過三十萬位，全國的總存款也超過二十四兆台幣，我們真的沒有辦法解決我們的貧窮階級嗎？

1. 解決貧窮階級的困境，避免社會的亂數

如果我們不解決貧窮階級，他們終究會形成社會的亂數。換句話說，上層階級必然無法置身於外，一定會受到這些亂數的嚴重干擾。也就是說，當窮人階級沒有未來所產生的亂數，同一時間內，富人階級也同樣沒有未來。那麼，冷漠和袖手旁觀並且只會選擇兩黨無能的政客，這種態度終究和政客的空轉和口水之戰毫無兩樣，於是華人社會的發展趨勢終究是資產階級必須伸出援手、釋出最大的慈悲與關懷，並且向知識階層緊密的聯盟，來挽救社會貧窮階級，給他們溫暖，將我們社會的亂數降到最低。

為今之計，是運用散布在全台灣各社區的兩千五百所小學、七百四十所中學、五百所高中職、一百六十五所大學及技術學院，以及約莫百餘所的社區大學、公民大學、部落大學、信徒大學、婦女大學，乃至救國團的教學體系。這些教學系統中，首先以大學、高中、國中、國小的專任老師之知識分子總和即有二十五萬位，如果每一所學校向自己所在的社區發出關懷，並且由每個教師自行認領每週三小時到九小時之間（一到三個晚上時段），來輔導社區中沒有錢補習，但是願意學習的六到十五歲學子，社會將添加一股溫暖的力量，也會使得窮人社會不會被世襲，從而大大提高國家的競爭力。

2. 知識分子與資產階級必須攜手公民自覺運動

這是一個知識分子與資產階級必須攜手的公民自覺運動時

代，符合知識分子和資產階級的總人數，保守估計，在全台灣至少有一百萬人，在對弱勢團體的關懷上是不分統獨的。在關懷窮人階級的孩子上，也是不分統獨、不分省籍的。這個趨勢終究要到來，只是越早啟動，國家的競爭力越早提升，整個國家的經濟情況也會越早復甦。

奉勸所有的中間選民及有志的企業主，別再等待英明的總統出現，在現今的體制下，任誰再有天縱英明，一旦進到現今的政黨選舉制度，也會變得千瘡百孔百般不是，同時單是應付各方勢力的平衡，也會造成任何一個當選人，缺乏思考的能力。加上各方勢力的要脅下，也會使得當選人總將時間消耗在分配利益、分配權位的格局中。

所以，領導人變得愚蠢的趨勢、領導人變得只會演講、回應反對黨的口水趨勢，一時間不可能有所改變，這已是必然的近十年趨勢。

但是，我們的社會、我們的弱勢團體，不能再等十年，也不能再空轉十年，不要再依靠政府的命令或預算，知識分子們、企業家們必然的要選擇以各社區的各級學校為重心，來挽救弱勢家庭的孩子學業，在協助弱勢學子學業的同時，我們還可以透過學生來了解弱勢家庭的情況，進而獲得挽救弱勢家庭的機會。

公民自覺、知識分子團體自覺、資產階級自覺的時代到了，這是我們時代的趨勢，違反這個趨勢我們必定會被淘汰在先進國家之外，我們會從十六名的經濟體極速地向後退去，退向三十名、退向四十名、退向五十名……。

選擇這個不能不從事的趨勢，還是只是繼續批判我們的官員呢？別再等待英明的總統或領袖會從天而降，對於他們的不

可等待就是我們未來的必然趨勢。

　　我們對未來世界的觀感之所以會斷裂，是因為我們目前的政治正確，以及目前的社會結構，還有我們目前的經濟情況所造成，所以我們會有一個錯覺以為我們的命運還會持續一樣的命運，事實上命運向來是不可預期的。例如在滿清終結之前的幾年，誰能夠預期滿清就這樣終結了呢？其實未必會太多，日本要終結之前，在台灣也沒有多少人能夠了解它就這樣終結了，那麼人有一個習慣，就是在苦難現狀過程中，會經常以為這個現狀會持續，不管這個現狀是悲苦、是幸還是不幸，經常會以為它會按照同一個邏輯而持續。

　　目前之所以對未來世界在華人觀感上會有如此大的斷裂，事實上，當然是因為政治社會經濟結構還有歷史發展所造成的不同，最明顯就是中國大陸、台灣跟香港之間，他們整個近百年來的歷史背景有那麼大的歧異性，所以當然對未來的觀點會有巨大的歧異以及現狀上的歧異，現狀上，在台灣的經濟是江河日下，但在中國大陸是希望蓬勃，可是未來大陸會不會繼續希望蓬勃？未來在台灣會不會繼續江河日下，其實也沒有人知道的。

　　二○○八年的台灣總統選的是誰？整個經濟政策會有什麼巨大的不同？或者是中國大陸到底什麼時候會遇到經濟上的瓶頸？這其實都沒有作有效的評估。比如說到二○一五年，有五、六個城市就會追上台灣的經濟水準的平均，這倒是樂觀的預期。因為它沒有算盡環境的汙染，以及其他總總的變數，是不是真的可以到達。當然它可以運用人口上的技術，把某些低收入的設法劃出去，在這個所謂太平專制的統治之下，它想要達到這樣一個統計學上的意義，當然是可以達到的。可是我們

就實然而言，中國大陸的經濟發展，它其實面對很多環境資源上的問題是需要憂慮的，如果從生態學、環境學的角度來說，中國大陸的汙染非常非常的嚴重，那整個世界的資源呢，對於資本主義的發展，其實並不是可以無止境的提供的。

3. 趨勢應該是趨於差異，而不應該是斷層的

　　我們現在所面對的是能源的缺乏，共同面對的是人口的暴增，不久的將來，世界就會突破一百億的人口，那時候的局面和六十億人口的局面絕對不相同，四十年後石油完全沒有，現在在世界上生活的一半以上的人會見到那個局面，那麼如果替代能源沒辦法替代，有效的全面的取代它的副產品以及能源上的供給的話，那我們的移動速率下降，人口又陡增，那會是一個什麼局面？再加上海平面上升，我們可居住的陸地面積下降。

　　所以我們可能共同面對一個全世界災難要重新重整的局面，那時候就不會有人還關心統獨問題。我們其實面對一個共同的地球村未來，我們面對的是一個全新二十一世紀的地球文明發展，這個地球文明發展是幾乎要進入毀滅的局面了，那這個局面在京都議定書的提出之後，我們可以看到連美國這樣的國家，這樣的文明，這樣的具有眾多的高科技人才，跟這個人文社會科學藝術人才的所在環境裡面，竟然可以直到二〇〇七年以前，都還是具欠的狀態。更不用說中國這樣想努力發展它的經濟，甚至想要達到所謂最偉大的經濟強權的國度裡面，它更不希望這樣的議定書出來限制他們，可這所影響的難道只會是一個中國嗎？難道只會是兩岸嗎？難道只會是亞洲嗎？不是，其面對的是全球的問題，這個全球的問題已經沒有人可以置身事外，除非，我們研發出外太空移民，而且可以達到有效

的移民品質，可以如同我們在二十世紀的中晚期所獲得的這樣的生活品質，如果不如這個生活品質，那個移民的效果也是差的。

4. 環境惡化、災難頻傳，沒有人可以置身事外

一旦生態環境遭到破壞，沒有人可以置身事外，尤其在全球化時代到來，世界的連結更加緊密快速，不管世界哪一個角落臭氧層破裂、破壞情況逐步擴大，地球暖化現象、海平面不斷上升、能源趨於窮盡、人口暴增等，地球上的每一分子都無法置身事外。在未來幾十年中，比SARS還兇猛、侵略擴散力更強大的傳染病會不斷出現，這都是因為近代人類、生態發展過於快速，導致生態平衡，電影《駭客任務》中有一段話令人毛骨悚然：地球上只有兩種生物會不知節制的去發展，第一種是細菌、第二種就是人類。

如果不懂得生態保持平衡，漫無目的去擴張自己，那麼最後的結局就是「自取滅亡」。 華人是不是這樣呢？台灣政治局勢正以種族主義進行會計賬本的清算，而不計成本代價，只努力的追求自己定義的面子、尊嚴；中國大陸則漫無目的進行擴張經濟，追求自己定義下的面子，追求「大國崛起」、「世界第一」，並且從體育運動、經濟成長數據等各項指標，努力追求第一。我們都共同面對這種趨勢，可是地球村的時代真的已經來臨了，所有國內問題都可能是國際問題，各個國家已經都沒有辦法透過鎖國主義來將解決問題。

當世界的資源源源不斷地被供給世界各處的中產階級以上族群，以中國大陸來說，會有愈來愈多的有錢人，愈來愈多的自用車輛，也就會需要愈來愈多的石油，接踵而來的是更多的汙染，所以中國的水資源無法滿足生態需求的情況會更加惡

化，中國現在已經有三分之一的人喝不到乾淨的水了。

世界上有六十多億的人口，但是其中百分之四十的人所擁有的資源甚至不如西歐國家的一頭牛，這代表資原分配不均，而且這種情況在未來只會愈來愈糟糕。世界不該只為滿足這些少數富足的人而轉動，為了這些人的濫用資源，而使得其他的人同樣要接受窮困、疾病、災難、處於一個被破壞的地球、任其荒蕪。而且，一旦發生疾病，災難更會透過各種細菌傳染，蔓延到全球。

曾有一個論述說：中國可以不顧一切地致力於經濟發展，任其禍害生態環境，因為世界上其他強盛、先進國家都會趕來救援。但是這個觀念是錯的，即使各國會關注，但是首要關心的仍會是自己的國度，況且生態的破壞影響最大的仍是本國人民與國力，首當其衝的還是自己。所以，如果中國的機會主義者、想發橫財而不顧一切的人，或者在中國的大地上恣意擷取財物、資源後卻想遠走他國的人，是禿鷹、是掠奪者，台灣冶曾發生數起類似的掏空案。

我們應該把焦點放在所共同面對的未來，未來不應該是貧富兩種階級的差異，而是應該清楚辨別誰是「**禿鷹**」跟「**永續經營者**」，未來將是禿鷹和永續經營者的戰鬥，所以知識分子和中產階級必須產生新的聯盟，並說服部分的財團與政治人物來投入永續經營的行列，有效改進整個的能源政策，也影響經濟步伐的調整。

未來發展經濟，絕對必須從環境生態、能源、人口、社會結構、文明發展等狀多考慮方向著手，不能盲目的追求經濟的指標。海耶克在獲得「諾貝爾經濟學獎」時說過：諾貝爾獎實在不應該頒給經濟學，因為經濟學獎所獎勵的經濟學家，或許

正在犯嚴重的巨大的錯。這的確是我們現在所可觀察到的世界經濟情勢、狀況。

運用如偉大思想家馬克思的經濟學觀點，結果在中國的實行結果卻變了調，而且反而使中國經濟跌入萬劫不復之中，閉關鎖國；而今日的中國開始實施凱恩斯的經濟主義，自由的結果開始造成大量汙染。

華人們應該如何走向未來？如何能讓多數的人好好地生活下去？我們應要要面對共同的未來，過去的斷裂是舊歷史，到了二十一世紀，華人文明又進入了另一個新世紀，不需要在分黨、分派、分區，走向全球化後，華人們應該自我品味，共同面對第三條路，並且共同超越這個斷裂的世界。

秀威經典　　　　　　　　　　　　　PF0196　南方華人學派10

華人世界之未來趨勢

作　　　者／歐崇敬
責任編輯／辛秉學
圖文排版／周妤靜
封面設計／葉力安

出版策劃／秀威經典
發 行 人／宋政坤
法律顧問／毛國樑　律師
印製發行／秀威資訊科技股份有限公司
　　　　　114台北市內湖區瑞光路76巷65號1樓
　　　　　電話：+886-2-2796-3638　傳真：+886-2-2796-1377
　　　　　http://www.showwe.com.tw
劃撥帳號／19563868　戶名：秀威資訊科技股份有限公司
　　　　　讀者服務信箱：service@showwe.com.tw
展售門市／國家書店（松江門市）
　　　　　104台北市中山區松江路209號1樓
　　　　　電話：+886-2-2518-0207　傳真：+886-2-2518-0778
網路訂購／秀威網路書店：http://www.bodbooks.com.tw
　　　　　國家網路書店：http://www.govbooks.com.tw

2016年10月　BOD一版
定價：280元
版權所有　翻印必究
本書如有缺頁、破損或裝訂錯誤，請寄回更換

國家圖書館出版品預行編目

華人世界之未來趨勢 / 歐崇敬著. -- 一版. -- 臺
北市 : 秀威經典, 2016.10
　　面 ;　公分. -- (南方華人學派 ; 10)
BOD版
ISBN 978-986-93753-0-6(平裝)

　1. 未來社會　2. 趨勢研究　3. 中華民族

541.49　　　　　　　　　　　　105018443

讀 者 回 函 卡

感謝您購買本書，為提升服務品質，請填妥以下資料，將讀者回函卡直接寄回或傳真本公司，收到您的寶貴意見後，我們會收藏記錄及檢討，謝謝！如您需要了解本公司最新出版書目、購書優惠或企劃活動，歡迎您上網查詢或下載相關資料：http:// www.showwe.com.tw

您購買的書名：_____

出生日期：_____年_____月_____日

學歷：□高中 (含) 以下　　□大專　　□研究所 (含) 以上

職業：□製造業　□金融業　□資訊業　□軍警　□傳播業　□自由業
　　　□服務業　□公務員　□教職　　□學生　□家管　　□其它____

購書地點：□網路書店　□實體書店　□書展　□郵購　□贈閱　□其他

您從何得知本書的消息？

　□網路書店　□實體書店　□網路搜尋　□電子報　□書訊　□雜誌

　□傳播媒體　□親友推薦　□網站推薦　□部落格　□其他_____

您對本書的評價：（請填代號　1.非常滿意　2.滿意　3.尚可　4.再改進）

　封面設計____　版面編排____　內容____　文／譯筆____　價格____

讀完書後您覺得：

　□很有收穫　□有收穫　□收穫不多　□沒收穫

對我們的建議：_____

_____

_____

_____

11466
台北市內湖區瑞光路 76 巷 65 號 1 樓

秀威資訊科技股份有限公司 　　收

BOD 數位出版事業部

⋯⋯⋯⋯⋯⋯⋯⋯⋯⋯⋯⋯⋯⋯⋯⋯⋯⋯⋯⋯⋯⋯⋯⋯

（請沿線對折寄回，謝謝！）

姓　　名：＿＿＿＿＿＿＿＿　年齡：＿＿＿＿　性別：□女　□男

郵遞區號：□□□□□

地　　址：＿＿＿＿＿＿＿＿＿＿＿＿＿＿＿＿＿＿＿＿＿＿

聯絡電話：(日) ＿＿＿＿＿＿＿＿＿＿　(夜) ＿＿＿＿＿＿＿＿＿＿

E-mail：＿＿＿＿＿＿＿＿＿＿＿＿＿＿＿＿＿＿＿＿＿＿